国家自然科学基金项目（71473083）研究成果

Electric Vehicle's Charging and Discharging Model and Strategy Optimization

电动汽车充放电模式及策略优化

饶娆　张兴平◎著

中国经济出版社
CHINA ECONOMIC PUBLISHING HOUSE
北京

图书在版编目（CIP）数据

电动汽车充放电模式及策略优化 / 饶娆，张兴平著.
北京：中国经济出版社，2018.1（2024.1重印）
ISBN 978-7-5136-4856-1

Ⅰ.①电… Ⅱ.①饶…②张… Ⅲ.①电动汽车—充放电—研究 Ⅳ.①U469.72

中国版本图书馆 CIP 数据核字（2017）第 230076 号

责任编辑　赵静宜
责任印制　巢新强
封面设计　九品轩

出版发行　中国经济出版社
印 刷 者　大连图腾彩色印刷有限公司
经 销 者　各地新华书店
开　　本　710mm×1000mm　1/16
印　　张　13.5
字　　数　179 千字
版　　次　2018 年 1 月第 1 版
印　　次　2024年 1 月第 2 次
定　　价　66.00 元
广告经营许可证　京西工商广字第 8179 号

中国经济出版社 **网址** www.economyph.com **社址** 北京市东城区安定门外大街 58 号 **邮编** 100011
本版图书如存在印装质量问题，请与本社销售中心联系调换（联系电话：010-57512564）

前 言

电动汽车由于其节能减排效益成为了未来交通端的重要转型方向。电动汽车的充电行为主要受用户主导，每一辆电动汽车接入电网后都会形成随机的用电负荷，由于我国电源结构以燃煤为主，随机的充电行为会造成交通端降低的碳排放转移到发电端，从而使电动汽车发展的节能减排初衷失去意义。基于此，发展电动汽车需着重研究电动汽车的充电行为。此外，在电动汽车充电过程中涉及到多个利益主体，包括发电端、电网端、基础设施运营商及电动汽车用户。为了使用户优化充电行为，必须从利益链的角度协调各方利益，从而形成外界激励以此对用户的充电行为进行引导。本书基于不同电动汽车的充电模式，通过深入挖掘数据获得电动汽车充放电优化策略及形成有序充放电的利益链协调机制。其中，研究数据均是通过实际调研获得的针对多个城市电动出租车实际运营的数据。考虑到数据特征，本书主要针对电动出租车的充电行为及充放电优化策略展开研究。研究的主要内容包括以下几个部分：

首先，对电动汽车充电行为的研究是获得有序充电优化策略的基础。通过实地调研，以电动出租车运行数据为基础，运用高斯混合分布模型、贝叶斯信息准则及蒙特卡洛方法获得电动出租车充电的一般规律模型。进一步考虑电动汽车保有量、充电次数、充电功率、充电能效等因素，构建了电动汽车充电需求模型，从而确定实际充电负荷。为剖析电动汽车充电的实际效益，构建了电网运行效益分析模型及碳减排效益分析模型，以探究电动汽车所能实现的综合效益。

其次，充电行为优化策略是实现电动汽车节能减排效益的前提。基于此，分别就直充及换电两种模式对电动汽车的充电行为进行了优化。在直充模式下，考虑多个利益方视角，分别构建充电优化模型，从而获得多个充电负荷优化策略。为了对比各优化策略实现的节能减排效果，进一步从发电方角度以燃煤成本最低为目标，构建了节能调度优化模型。在换电模式下，以避开负荷高峰段、避开电动出租车运营密集期及避开电动出租车车主休息期为原则，对换电站的充电负荷进行了优化，提出了有序换电模式。通过构建电网端效益分析模型，验证了有序换电模式可提高电网运行效益。考虑风电入网、火电机组运行约束、输电约束、换电站运营约束、充放电约束，构建了发电端经济调度模型，对不同电动汽车规模下换电站执行充放电的节能减排效益进行分析。

再次，利益链异质主体间能否实现共赢与电动汽车有序充放电的实现息息相关，任意一方的经济性缺失都将阻碍电动汽车充电市场的健康发展。其中，换电模式的经济性一直是制约其规模发展的瓶颈。虽然相较于直充模式，换电模式更适合电动出租车的供能，可以实现对电池的统一管理，更易于对充放电活动有序操控，且通过充放电所能实现的综合效益更为明显。但其运营商前期投入较大，利益链难以实现平衡。基于需求端，挖掘潜在运营商及运营模式，从运营商视角构建投资成本分析模型，从用户视角构建充电费用分析模型，分别获得运营商开展换电服务的边际收益条件及用户接受换电服务的边际成本条件。通过两者的平衡，研判各运营模式的经济性。此外，还对多个影响换电服务的关键因素进行了敏感性分析。

最后，利益链实现内在协调是电动汽车有序充放电的机制保障。在直充模式下，基于序贯博弈理念，构建了各参与方的利益优化模型，通过电价联动实现了利益链的协调，并求解出协调时的相应电价值。在换电模式下，电网与运营商之间构建了契约机制，运营商与用户之间遵循“委托-

代理”关系，利用分时换电服务费来实现利益链协调，通过设定多个充放电价及换电峰谷服务价以探寻能使利益链得到协调的平衡点。

通过数据调研、模型构建、软件测算、结果归纳获得了针对电动汽车充换电行为、充换电优化策略、利益链利益最大化及利益链均衡等相关内容的宝贵成果。希望本书的研究方法及测算结果能成为与志同道合的学者们进行学术交流的契机，本书所得结论能为政府部门制定电动汽车发展政策提供些许参考。由于笔者水平有限，书中难免有不足之处，诚望各位读者提出宝贵建议。

本研究成果得到了国家自然科学基金项目（71473083）的资助，作者对资助机构表示衷心的感谢。同时，本书引用了大量前人的研究成果，作者在此表示感谢！

目　录

第1章　绪　论

1.1　研究背景及意义

1.1.1　我国发展电动汽车的必要性

近年来，作为中国经济增长动力之一的传统燃油汽车产业引起了人们对能源消耗及环境污染问题的担忧。交通运输端是造成能源消耗及碳排放的主要领域之一。对于发达国家，其交通行业的能耗占到能源总消费的25%～30%，其 CO_2 排放量占总排放量的 1/3 左右（施晓清，2013）。我国预计在 2008—2030 年间，汽车保有量将以 12.8%的速度增长，由此导致的 CO_2 排放量将以 1.2%的比率增长（刘建翠，2011）。燃油汽车的快速发展使石油消耗量显著增长，且频繁出现的雾霾现象使人们更重视大气环保，而汽车尾气被发现是城市 PM2.5 的主要来源之一。自 1993 年开始我国成为石油净进口国，并且自上世纪 90 年代初期，我国的石油消费量开始大幅度增长，交通领域的石油消费量也显著提升。如图 1-1 所示，2005 年我国交通领域的石油消费量占国内石油消费总量的 32.9%，这一数值到 2014 年攀升到 37.7%。据国际能源署预测，到 2030 年我国石油消费量将达 8.08 亿吨，交通端的消费量将占 43%，我国石油对外依存度将达 80%。高占比的石油对外依存度将对我国的能源安全及经济发展产生巨大威胁。

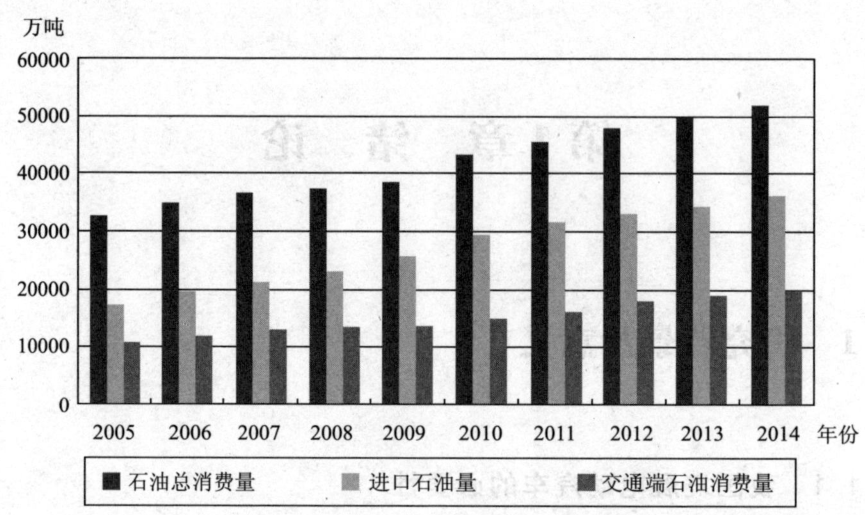

图 1-1　我国石油消费量变化情况

来源：国家统计局

我国是世界人口最多的国家，近年来我国推动的城市化进程使得越来越多的农村人口涌入城市，并使几个资源较优的城市更为拥挤，包括北京、上海、广州、深圳等。由表 1-1 可得，近年来，人口在 20 万至 50 万的城市正在逐渐减少，而人口在 200 万至 400 万的城市数量却有所上升，尤其是 2014 年出现了大中型城市人口的明显上升。2015 年 100 万人口及以上城市较 10 年前增长了 25.6%，而 100 万人口以下城市减少了 12.4%。此外，我国城市人口自 2005 年开始后 11 年间增长了 37.2%，农村人口下降了 19.0%（图 1-2）。城市人口的上升必然带来交通领域内机动车的数量上涨，由图 1-3可得，同一时期，我国几个典型大型城市的私家车总量在 15 年内均扩大 10 倍或以上，并且仍保持着快速增长。

表 1-1 城市人口数量变化

	2006	2007	2008	2009	2010	2011	2012	2013	2014	2015
超过 400 万	13	13	13	14	14	14	14	14	17	15
200-400 万	24	26	28	28	30	31	31	33	35	38
100-200 万	80	79	81	82	81	82	82	86	91	94
50-100 万	106	111	110	110	109	108	108	103	98	92
20-50 万	59	55	51	51	49	49	50	52	47	49
低于 20 万	4	3	4	2	4	4	4	2	4	7
合计	286	287	287	287	287	288	289	290	292	295

来源：国家统计局

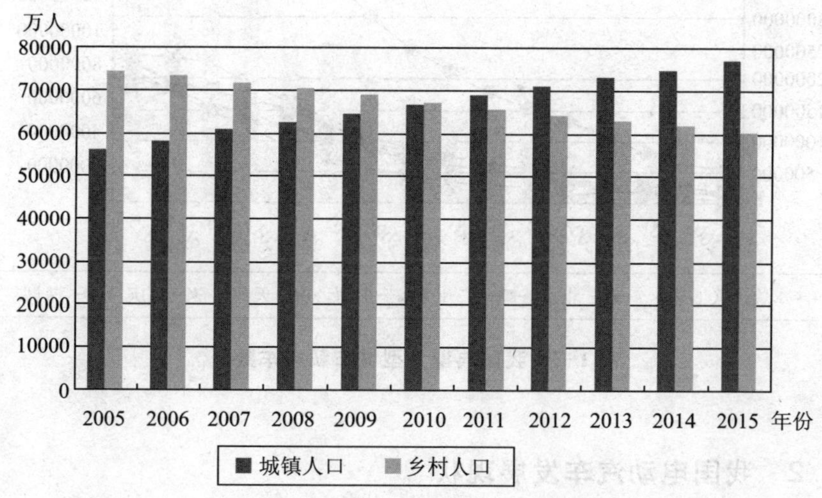

图 1-2 我国城市及农村人口变化

来源：国家统计局

传统燃油车是造成温室气体排放及空气污染的主要源头之一。近年来，越来越频繁的雾霾现象对人体健康造成严重威胁。据调查，重工业、煤炭燃烧及燃油车是造成雾霾现象的三大原因。所以，在环境污染问题面前，我国政府大力推动产业结构改革、提高可再生能源利用、推动低碳交通的发展势在必行。

面对日益严峻的能源危机、加快发展的城市化进程及加剧恶化的自然环境，电动汽车是未来交通端发展的必然趋势。中国“节能与新能源汽车产业发展规划（2012—2020 年）”确定节能与新能源汽车已成为国际汽车产业的发展方向，未来 10 年将迎来全球汽车产业转型升级的重要战略机遇期，许多发达国家已将电动汽车发展作为国家战略之一。

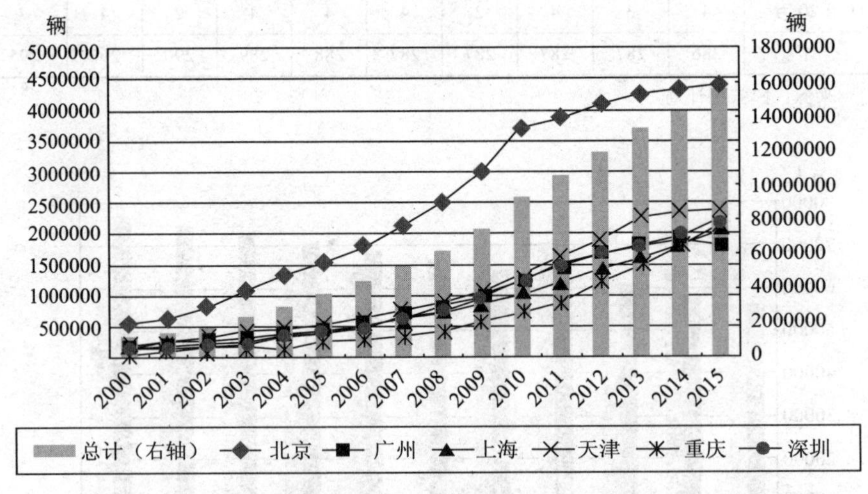

图 1-3　我国典型大型城市私家车数量

1.1.2　我国电动汽车发展现状

2009 年 3 月国务院下发了《汽车产业调整和振兴规划》，提出在此以后的三年形成 50 万辆纯电动、充电式混合动力和普通型混合动力等新能源汽车产能，新能源汽车销量占乘用车销售总量的 5%左右。然而，根据中国汽车产业发展协会公布的数据（图 1-4），2013 年前 9 月每月新能源汽车平均产量仅为 2482 辆。考虑到技术升级及企业发展，可推测规划期的三年（2010—2012 年）最大产能大约为 10 万辆，与 50

万辆的发展目标尚有较大差距①。

2009 年，我国科技部、财政部、发改委、工业和信息化部共同启动“十城千辆节能与新能源汽车示范推广应用工程”（简称“十城千辆工程”），通过提供财政补贴，计划用 3 年左右的时间，每年发展 10 个城市，每个城市推出 1000 辆新能源汽车开展示范运行，涉及这些大中城市的公交、出租、公务、市政、邮政等领域，力争使全国新能源汽车的运营规模到 2012 年占到汽车市场份额的 10%。然而根据工信部统计数据，截至 2011 年 7 月，25 个示范城市年均共销售 10000 辆新能源汽车，其中 10%的新能源汽车为私人购买，其余大部分作为政府公务用车或用于市政公共服务用车。总体而言，“十城千辆工程”的实施效果与目标存在着较大差距。

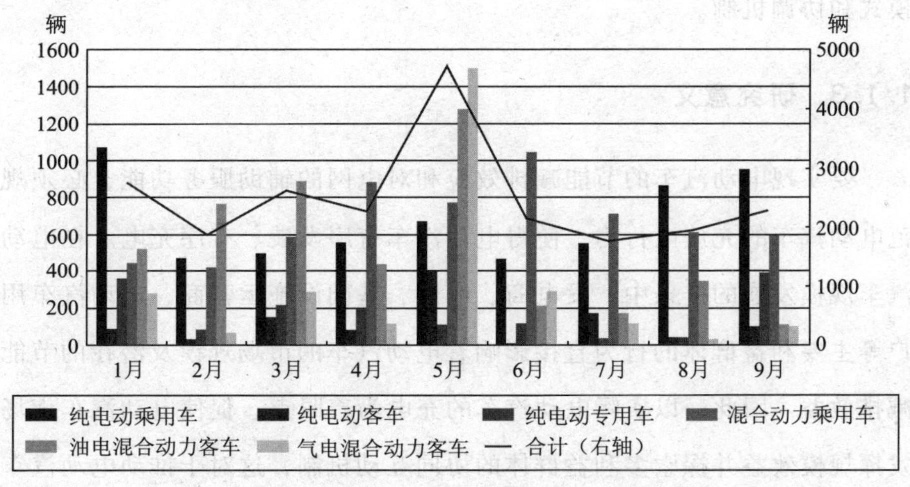

图 1-4 2013 年新能源汽车月产量

自 2009 年以来，我国电动汽车总体发展比较缓慢，制定的发展目

① Zhang Xingping, Rao Rao, Xie Jian, Ling Yanni. The Current Dilemma and Future Path of China's Electric Vehicles [J]. Sustainability, 2014, 6 (3): 1567-1593.

标未能实现，电动汽车对用户的吸引力受到质疑。此外，电动汽车规模发展后所能实现的节能减排效力、对供电系统的影响等同样受到人们的关注。电动汽车的减排效力受供能端及运行过程的综合作用，由于我国电源结构以燃煤为主，现阶段电动汽车供能多为火电输送，其在交通端的减排实质转移到了发电端，节能效果锐减。此外，电动汽车充电对电网蕴含消极影响，用户的随机充电行为将可能造成负荷峰谷差加剧，这样不仅不能达到节能减排的效果，而且给电网的安全运行带来了消极作用。更突出的是，电动汽车具有显著的规模效益，目前规模发展的局面尚未打开，因此其绿色效应及电力系统辅助服务功能都受到了限制。虽然电动汽车技术尚未成熟是一个重要的原因，但更重要的是缺少促进电动汽车合理发展的健全的电动汽车市场以及与之相关的多主体合作运营模式和协调机制。

1.1.3 研究意义

要实现电动汽车的节能减排效应和对电网的辅助服务功能，必须规范电动汽车的充放电行为，使得电动汽车有序发展、有序充电。在电动汽车规模发展的链条中，发电商、电网、基础设施运营商、电动汽车用户等主要利益群体的行为直接影响着电动汽车的市场规模及潜在的节能减排效益。因此，以实际电动汽车的充电为着眼点，促使电动汽车市场发挥规模效益并探索多利益群体的协同互动机制，这对于推动电动汽车市场持续、有序发展具有基础性的作用。

通过本研究，一方面可以从学理上解决以下学术问题：

第一，归纳电动汽车充电行为的一般规律模型。电动汽车充电行为对于其效益的发挥至关重要，同时也影响电动汽车市场的建设。目前，以电动汽车充电行为为分析对象的研究较少，本文拟基于电动汽车实际运营数据来构建用户充电行为的一般规律模型，具有一定的参考价值，并可作为电动汽车其他相关研究的基础。

第二，探索电动汽车用户充放电行为对其他利益相关方的正向传导及逆向引导机制。电动汽车充放电行为对电力系统具有潜在的正负性影响，若采用随机的无序充电方式，电动汽车充电负荷将造成电力系统运行的压力；相反，若采用有序的充电方式，其充电负荷将可以平衡负荷波动，并可以减弱发电端的调峰压力等。所以，分析电动汽车充电行为对其他相关方的影响传导机制可以促进有序充放电策略的研究。此外，电动汽车的充电行为由用户决定，缺少相应的外界激励，用户难以改变原有的充电行为。所以，需要其他利益相关方综合充电影响，制定有序的充电引导机制，以促进用户充放电行为的优化。

第三，挖掘考虑环境效益、电网运行稳定性的有序充放电策略。一方面，电动汽车综合交通端及发电端可以发挥潜在的节能减排效益，另一方面，其可以通过对充电时量的控制来提高电力系统的运行效益，这两方面效益的实现均需建立在有序充放电的基础上。因此，对于有序充放电策略的研究有助于促进电动汽车效益的实现，强化电动汽车的推广价值。

第四，综合协调各利益主体的利益互补及让利空间，分析合理可行的电动汽车相关利益方的协调机制。综合电动汽车充电行为的正向传导及逆向引导机制，使利益链各相关方之间构建起紧密关联。通过相关方之间利益的均衡研究、实现对用户充电行为的激励引导是本书研究的重要目标，同时也可促进电动汽车充电市场的协调及电动汽车市场的有序发展。

另一方面，在实践层面上，从电动汽车运营的实际出发进行实证研究，探索运营链中异质利益主体的协调方式，分析各充电运营模式的经济性、提高相互合作的有效性，从而促进电动汽车市场的良性发展，实现电动汽车对能源、环境的积极效益。

1.2 国内外研究动态

近年来，作为缓解能源短缺问题及环境污染问题的有效手段，电动汽车引起了多国政府的重视，同时也成为学术研究的热点。本书从六个方面对电动汽车相关研究进行了文献整理及评述，主要包括电动汽车充放电对电力系统的影响、电动汽车有序充放电模式、电动汽车与清洁能源协同优化、电动汽车充放电电价机制、电动汽车充放电运营模式及电动汽车利益主体协调优化。通过对这些方面文献的学习，对本书的写作奠定了良好的基础。

1.2.1 电动汽车充放电对电力系统影响

(1) 研究现状及动态

电动汽车的大规模推广将对电力系统发、输、配等各个方面带来影响，许多学者对此展开研究。

对于发、输电环节，大量电动汽车入网充电将带来新一轮的电力负荷快速增长，对电力系统的运行会造成负面影响（Hu，2016）。Stanton（2009）指出若电动汽车全部傍晚充电，则2030年美国13个供电区域将有10个区域需新增装机以满足负荷需求。McCarthy（2010）指出若澳大利亚珀斯地区所有乘用车替换为电动汽车，如不增加该地区装机容量，则需在负荷高峰时对93%的车辆进行管理。Meyers（2007）和Steven（2007）分别对美国全网及美国佛蒙特州电网对电动汽车充电的承受能力进行了研究；我国学者谢莹华等（2011）、樊扬等（2011）分别对电动汽车充电模式对深圳电网及广东电网日负荷的影响进行了研究。相反，若将电动汽车进行合理运用，可以发挥有益作用。Alfredo

（2015）指出当电动汽车发挥储能效用时，可新增消纳可再生能源30%，降低温室气体排放27%，降低发电成本6%。

对于配电环节，电动汽车的影响主要集中在对线路和变压器负载率、网损、可靠性、谐波等方面。电动汽车所需的充电站（桩）属于非线性装置，会对供电系统产生谐波污染（陈新琪，2008），并且导致功率因素下降，对供电系统的电能质量造成不利影响（Taylor，2009）。Clement-Nyns（2010）通过IEEE34节点馈线测试系统，指出电动汽车引起的线损和压降在进行优化充电管理后仍有较大影响。Putrus（2009），Staats（1998）对电动汽车充电引起的不对称、谐波水平分别进行了计算，得出在电动汽车达到一定规模后，公共母线电压的不对称度和谐波畸变率将超标准范围。Huang（2009）提出通过需求侧管理，使电动汽车的充电行为随负荷变化作出有效响应，减小电动汽车规模入网对电网的影响。戴欣（2015）提出电动汽车有序充放电能延缓线路升级改造、降低网损、减少分布式新能源发电备用容量，对电力系统的运行具有经济效益。

除此之外，有学者对电动汽车入网充电造成的经济影响进行了研究，Yu（2008）对电动汽车在不同充电模式下，电网为提高发、输容量所投入的成本进行了计算。罗卓伟等（2012）对电动汽车可控比例不同情形下的成本效益进行了分析。

（2）文献评述

以上文献分析了有序充放电及无序充放电对电网的影响，其影响主要包括负荷峰谷变化、功率变化、谐波污染形成、线损和压降等。通过需求侧管理，旨在平缓电动汽车充电造成的峰谷差；或是在电动汽车接入的前提下，对电网的发电成本进行优化。由于电动汽车发展尚未形成规模，已有的研究通常基于实际燃油车行驶习惯进行分析，但考虑到燃油车及电动汽车在充电方式、行驶里程、供能基础设施方面的差异，所得结果很难与实际电动汽车充电的影响对照。本书基于两类电动汽车供能模式的实地调研，拟得出电动汽车充电的一般规律模型，在此基础上进一步对实际电动汽车对电力系统产生的影响进行细致剖析。

1.2.2 电动汽车有序充放电模式

电动汽车发展的主要目标是实现其节能减排功能，但其功能的发挥关键决定于其充放电行为及模式，最理想的模式是电动汽车在用电低谷时充电，在用电高峰时放电。一方面，由于我国的发电侧以火电为主，因此高峰时的充电行为不仅不能节能减排，而且会给电网的安全运行带来负面影响，所以，电动汽车的有序充电至关重要。另一方面，在智能电网环境下，电动汽车可作为移动分布式储能单元，除了从电网接受电能，也能将车载电池的电能反送给电网系统，这种电动汽车与电网之间能量双向互动的关系被称为 V2G（Vehicle to Grid）。实际上，电动汽车对电网起什么样的影响，很大程度上取决于电网与电动汽车之间的互动方式与水平。通过 V2G 技术，数量庞大的电动汽车如果能与电网良性互动，便可以在增加售电量的同时，有效地调节电网负荷峰谷差，作为系统旋转备用和调峰备用的有效补充或者辅助电网有效消纳风能、太阳能等间歇性可再生能源，从而提高电网运行的安全性与经济性。

（1）研究现状及动态

针对电动汽车有序充放电，国内外不少学者对此进行了深入研究。李红梅（2013）对车辆并网系统和有序充放电运营管理系统 2 个系统进行了阐述，对系统的结构、原理和实现手段进行了介绍，但并未作具体的定量分析。Michael（2012）将电动汽车作为柔性负荷，提出对其进行协调管理能有效解决负荷波动性。Ian（2009）以电动汽车作为负荷的一部分，通过控制电动汽车有序充电来优化电网的经济调度、旋转备用及发电控制。郭建龙等（2015）针对有序充电策略，提出了基于最优经济运行充电模型、最优市场机制商业运营模式及时空有序性这 3 类方法，提高了电动汽车充电对电力系统的效益影响。徐颢霖等（2014）从电力需求侧管理的角度分析了电动车有序充放电模式，并提出换电站模式更能方便管理电动汽车的有序充放电行为。陈筱陆（2012）集中考虑了分散慢充的充电方式，通过区分用户的充电行为，提出可行的有序充电方式。Iversen（2014）基于用户驾车的随机特性，利用马尔科夫链模型对驾车行为进行描述，并提出随机动态规划模型来优化电动汽车的充电行为。Chioke（2014）基于蒙特卡洛方法对几个区域的电动汽车充电产生的负荷进行模拟，提出随机充电都将使峰荷提高。Lukas（2010）以德国电力市场为例，通过构建代理模型剖析了 800 万辆电动汽车在不同的充电策略下对电价的影响。Sandels（2010）同样基于德国电力市场，并运用蒙特卡洛方法对提出的有序充电策略进行了模拟，证明了其有效性。Capion（2009）基于丹麦电力市场，以电动汽车总运行成本最低为目标构建了有序调度模型。同样从经济角度出发，Niklas（2011）通过电价预测，运用动态规划使用户充电费用降到最低。Masoud（2014）考虑充电电价、电池剩余容量、电池寿命及剩余充电时间等约束条件，建立智能规划模型对处于停止状态的电动汽车的充电行为进行优化，结果表明，提出的管理系统能有效满足用户的经济及技术需求。Hutson（2008）以用户利益最大化为目标提出了电动汽车有序充放电策略。Caramanis（2009）一方面考虑电动汽车在电价较低时充电，另一方面在高峰时段对电力系统提供备用服务，从而使电动汽车的总充电成本最低。同样，王丹等（2010）、王晓寅等（2011）、邹文等（2011）基于需求侧管理，也提出低谷充电的有效控制方法，其中，王晓寅等对充放电时段及相应电价作出了相应研究。Matteo（2013）考虑大量电动汽车充电对电网的影响、兼顾效率与公平，提出了一种分配机制，以协调大规模电动汽车同时充电。张维戈（2013）、苗铁群（2012）、田文奇（2013）在博士毕业论文中基于换电站这一充放电模式，对电动汽车的有序充放电策略进行了研究，从负荷特性、电池特性、时空需求等角度建立模型，提出了换电站的协调调度方法。

（2）文献评述

上述研究多是将用户与电网直接相连，所以用户的随机行为成为能否顺利实施有序充放电的关键因素之一。如何促使电动汽车用户真正遵从有序充放电的规则，这个问题涉及的文献较少，而且也不易解决。需要形成一种运营模式或运行机制，才能促使有序充放电的有效执行。这亦是我们研究的重点。先行假定可行的运营模式，再在此基础上，研究该模式如何实现有序充放电以及能够发挥多大效力。

1.2.3 电动汽车与清洁能源协同优化

清洁能源，比如风能、太阳能等，受到了国际社会的普遍关注。但由于这些能源大都在时间上不可控制，并受地理和天气条件等因素控制，间歇性较强，从而对电网的运行要求较高，使得其发展受到了很大的限制。而电动汽车是一种以电机作为驱动源，不同于传统的内燃机为驱动源的汽车。电动汽车不仅作为负荷可以由外界对其充电，而且能对外作为电源放电，在时间上具有可控性、在空间上则有可移动性。因此，电动汽车在清洁能源发电量较多时可以作为储能装置，在电网负荷较高时，又可以作为电源端向电网供电。利用两者的互补性，对“清洁能源-电动汽车”的协调优化控制成为了国内外学者研究的重点，研究内容主要集中在协调优化模型的建立和求解上，各国学者分别从不同的角度对其进行了研究。

1. 研究现状及动态

(1) 从电网侧进行的研究

考虑到电网的安全性，主要是为了平滑电网负荷曲线以及稳定电网频率。Cvetkovic（2009）、Dallinger（2012）和 Richardson（2013）对电动汽车与可再生能源协调优化的相关文献进行了整理及分析，并未专门提出电动汽车有序充电策略。王龙（2014）为利用有序充放电实现平滑功率波动、提高清洁能源的消纳能力，构建了充电分时控制模型和电池组充放电控制方法。张智晟（2014）为了减小可再生能源入网的随机波动性，构建多目标优化实现最小化清洁能源出力波动及最大化电动汽车用户收益，考虑电量约束、充放电次数约束及充放电功率约束等，构建了考虑风光入网的多目标协调模型，并采用基于虚拟理想分子的改进化学反应优化算法来进行求解。Sandra（2012）阐述了风电与电动汽车相互调用的可行性，对两者协调调度的影响因素进行了识别，得出通过负荷管理，电动汽车能有效平衡夜间负荷需求。Milos（2011）通过蒙特卡洛模拟法模拟出电动汽车充电模式的多种可能，阐述电动汽车如何接入能最大化地对可再生能源进行利用。于大洋等（2011）建立了多时间尺度的风电-电动汽车协调调度数学模型，分析了调度电动汽车充电以平滑电网等效负荷波动的可行性。李丰等（2012）针对储能系统如何配合电网消纳风电，基于积极储能系统的风电最大接纳调度模式和风电经济接纳调度模式，建立了相应的数学模型和求解方法。Raul Martinez（2014）等为了避免变压器的过载，建立了一种融合可再生能源和电动汽车需求响应的协调机制，并用蒙特卡洛模拟验证了该机制的有效性。Xiao Luo（2014）建立了一种分散化的充放电控制机制，以平抑风电对电网的波动和稳定电力系统频率。该机制能更好地稳定电力系统频率并降低电动汽车电池的老化成本。黄润（2012）以电网的等效负荷曲线方差最小为优化目标，建立了基于约束规划的电动汽车与分布式能源协调充电的调度模型，并且考虑了风电和光伏发电两种新能源与电动汽车之间的协调调度优化。邢龙（2013）则是基于微网从需求侧响应的视角研究了清洁能源、负荷、储能三类资源的协调优化，建立了以平滑电网的等效负荷波动为目标的等效负荷模型。穆云飞（2012）、刘志鹏（2013）、郑丹（2013）三位博士在毕业论文中对电动汽车与可再生能源同时入网对电网的影响进行了深入分析，并相应地提出了协调优化的方法。Wang（2011）通过建立四种充电情景，证明有序充电的有效性。Li（2012）、Marano（2008）、Mohsenian-Rad（2010）构建了随机优化模型，但先决条件均是需要知道能源需求的变化特点。除此之外，一些学者，如Borba（2012）和Saber（2011）在构建优化模型时以最大化可再生能源与电动汽车的协调率作为优化目标；相反，Bayram（2011）、Fan（2010）、Papavasiliou（2010）、Turitsyn（2010），Vandael（2010）在构建模型时，较多地考虑可再生能源的接入率，并未充分考虑电动汽车的充电需求。

考虑到电网的经济性，主要是降低发电成本、电网运行成本及网损费用等。André（2013）以总的运行费用为最终优化目标，基于纯电动汽车建立了两阶段模型。在第一阶段的长期模型中确定了电网的最优安装容量后进行第二阶段运行费用最低的优化。Farivar（2014）则以能源成本最小为最终的优化目标，建立了基于混合电动汽车（HEV）的两阶段优化模型，第一阶段构建考虑电网损失和有功和无功功率的变化最小的多目标模型确定了HEV的数量；第二阶段以能源成本最小为目标进行优化计算。Soares（2013）建立了包括新能源发电成本、电动汽车充电成本和放电收益在内的总成本最低的协调优化模型。茆美琴（2011）等以包括设备成本、运行成本和维护成本在内的全年总成本最小为优化目标，基于微网建立了包含风、光、储、电动汽车等的经济调度模型并用粒子群算法进行求解。肖湘宁等（2013）针对可再生能源与电动汽车充放电设施的微电网集成模式与关键问题展开研究，得出在微电网环境下，通过可再生能源与电动汽车充放电设施的有机集成，可以实现二者协同增效的双赢目标。

综合考虑电网的经济性和安全性。寇凌峰等（2011）建立了以风电利用率最大化、系统可靠性最大和运行费用最小的多目标优化模型，但没有给出具体算法。李惠玲等（2013）以等效负荷率最大、节点电压越限和损耗率最小、入网服务成本和用户充电成本最低为目标，解决了基于遗传算法的电动汽车和分布式能源协调控制的多目标优化问题。邱威（2012）以降低燃煤成本和改善负荷特性为优化目标，建立了基于自适应多目标差分进化算法的混合电动汽车与风电的协调互补的动态经济调度模型。陈征等（2014）构建了体现换电服务的可用性和可再生能源就地消纳利用情况的运行性能评价指标，并在此基础上提出了换电站动态功率分配方法，建立换电服务模型。仿真结果证实了该方法在保障换电服务可用性的前提下有效提高了光伏就地消纳利用比例。Amany（2014）提出多目标优化算法，对电动汽车与可再生能源协调优化进行细致研究。Dallinger（2013）与 Liu（2013）分别以加利福利亚、德国和中国内蒙古作为示例，部分考虑电动汽车与可再生能源入网的经济性及安全性，构建了协调优化模型。

（2）从环境侧进行的研究

蔡秋娜等（2012）通过引入社会成本这个概念，构造了综合发电燃料成本、CO_2排放成本和 PHEV 经济效益三个方面的 PHEV 放电优化控制机组的最优组合模型。但是该模型仅局限于用户侧降低了碳排放，没有从发电侧降低燃料的碳排放。于大洋等（2012）建立了以碳排放最小为目标的电网负荷平衡模型，并以山东电网为例，对自由充电和协同调度两种充电模型在电网接入能力和替代燃油消耗两个方面进行了定量的碳排放效益分析。结果表明，在风电装机容量提高和协同调度的情况下碳排放效益呈显著增长态势。李正烁等（2012）结合了碳捕捉和常规电池电碳模型，建立了综合考虑发电成本、碳排放成本的输电网侧“风-车协调”模型，研究了在单向有序、双向有序充电下的“风-车协调”的减排效果。刘文霞等（2013）建立了包含经济性、污染物排放量和弃风量等多目标的动态清洁调度模型，确定了规模化电动汽车充电与风力/火电系统的协调运行机制，并分析了电动汽车的规模和备用对系统运行的影响。

（3）从其他方面进行的研究

Jian（2014）从优化模型算法的角度，提出了一种双层优化的方法，研究了一种在区域性智能电网下实现电动汽车接入的方案，通过对比传统的最优算法，发现在电动汽车接入数量增多时，双层优化算法有效地提高了收敛速度，并且很好地满足了电力系统的需要。Battistelli（2012）从管理的角度，建立了一种实用性的评价模型，用以评估电动汽车接入对包含可再生能源的微电网的影响，从而辅助能源管理系统的工作。Borba（2012）从消纳风能的角度，以巴西东北部地区为例确定了其消纳夜间风电的电动汽车数量。田文奇等（2012）基于自适应变异粒子群算法建立了电动汽车换电站的充电调度多目标优化。公用车的充电站或换电站作为一个大的储能系统，对消纳诸如风能和光能等间歇性能源起到了很大的作用，但目前专门针对这一块的研究还有待深入。刘坚等（2013）认为基于V2G技术的电动汽车储能为可再生能源、分布式发电、微电网以及智能电网提供了巨大的发展空间，在对电动汽车储能的相关技术及基础设施进行综述的基础上，对我国未来电动汽车储能规模进行了分析并对相关政策进行了探讨。Zhong（2014）基于电池储能站，对V2G模式与间歇式能源协调互动进行了探讨。Taisuke（2014）基于需求侧管理，运用MARKAL系统模型对电动汽车与其他电源协调优化进行研究。

2. 文献评述

综上所述，针对我国在“清洁能源-电动汽车”的协调优化方面的研究工作已经取得了卓有成效的研究成果，但在以下两个方面有待更深入的研究：

（1）基于用户细分的电动汽车充电协调优化

针对电动汽车充电优化，加大清洁能源的渗透率、保障电网的稳定可靠运行、运行成本的最优化是学者们建立协调优化模型时一致希望达成的目标。在构建相关优化模型时，之前的研究都弱化了实现电能传导的运营模式及充电方式，大多数成果都建立在单一的用户类型及假定唯一的充电模式的前提下得到的。大多数研究以私人用户的充电行为确定电量需求，通过概率分布、随机模拟的方法加以实现，并且充电方式局限为充电站/桩，受这种模式运行方式的限制，充电需求随接入车辆的随机性而具有间歇性。但实际情况远比这样复杂，电动汽车不仅有个体用户，还有大量的组织用户（如公交电动车）等，众多用户的充电行为有的突出地表现为随机性，但有些具有较强的可控性；充电站/桩的充电电量呈现出间歇性、波动性，然而换电站的充电需求较为平缓。在剖析充电需求时，本书希望在进行协调优化时还能获得更贴近实际的优化效果。

（2）将电动汽车视为移动储能设施的协调优化

针对电动汽车放电优化的相关研究较少，其中使电动汽车平缓用电负荷、加大清洁能源入网率是普遍建立的优化目标。在构建优化模型时，作为电能提供者的电动汽车用户的行为较为被动，并且模型构建的聚焦点也放在了如何满足供电要求上，这样就不能考虑电动汽车的储能特点。首先，在该供应链中，供应者应视为交易是否进行的决定因素，在未形成充足供应力的情况下，将如何最优满足需求作为优化目标并不可取。其次，用户的放电行为比较随机，接入的时间、地点、时间段难以控制。本研究拟加入第三方，即充换电运营商对电能供需进行控制及协调，以此实现需求端的最优效果及供给端的合理约束。

1.2.4 电动汽车充放电电价机制

1. 研究现状及动态

合理的电动汽车充电电价有利于引导使用者进行有序充电，各国学者从不同角度对电动汽车充电电价进行了研究。国外一些学者从电力市场入手，其中，Finn 等（2012）、Trine 等（2011）以扩大参与方经济收益为目标确定了电动汽车充电电价。考虑需求侧管理，以电价作为引导用户有序充放电的手段是我国大多数学者建模的依据，徐智威等（2014）、戴诗容等（2013）采用分时电价机制，以削峰填谷的目标，考虑用户效益最大，负荷最平滑以促进有序充放电；葛少云等（2012；2013）主要在优化谷电价时段，在分时电价政策的控制下达到削峰填谷的目的；孙晓明（2014）从用户方的充电费用和起始充电时间考虑建模，提出一种充电分时电价时段的划分方法；项顶（2013）完整地建立了 V2G 的充放电时段模型和峰谷电价模型，旨在得出最优充放电时段和相应的电价，达到用户效益和削峰填谷的目的；姚伟峰等（2012）提出对电动汽车进行分层分区，优化区域代理商的调度和所管辖电动车的充放电时间来实现削峰填谷的目的。相似的研究也体现在 Niamh（2012）的研究成果中，以防止配电网运行堵塞为目的，提出了经济有效的电动汽车日前电价。以权衡多方参与者利益为目标设定合理的充放电电价亦是对该问题深入研究的一个方向，Li（2011）权衡运营商、用户、电价水平等多方因素构建了电动汽车充电电价模型；Francesco（2011）综合考虑电力负荷需求及公司收益确定了电动汽车充电电价。除此之外，基于电动汽车的基础设备因素，Benedikt（2012）从储电电池寿命及机组运行成本角度考虑确定充电电价；史乐峰（2012）在考虑充电设施投资和布局的情况下，构建了电动汽车充电需求和充电站成本最小化的多目标充电电价模型。基于环境因素，Aoife（2013）考虑 CO_2排放量及新能源输入占交通运输行业的比重等因素，确定了电动汽车充电电价。

2. 文献评述

上述国内外研究成果，对本课题具有启发及指导意义，但就电价方面本课题认为仍有下述问题亟需解决：

（1）基于主体群的电价制定

电动汽车充放电电价是调控用户行为、平衡相关方利益的杠杆，它的制定与电动汽车产业利益主体链联系紧密，所以要制定合理的充放电电价，必须考虑主体的价值导向及利益均衡，不能只从主体中的一方或两方的角度进行探讨，应该考虑整个链条的利益传导及实现。

（2）基于多方约束的电价模型构建

电价除了发挥经济杠杆的作用之外，更重要的是影响各利益方的行为，从而保障电网的安全可靠运行。在考虑各方利益权衡的时候，如何将技术指标转化为经济指标、将两方约束条件构架成多方约束网并进行合理求解，也是待解决的一个难题。

1.2.5 电动汽车充放电运营模式

运营模式是联接用户、运营商、电网、发电商等建立合作机制，达到利益均衡的基础，良好的运营模式有助于促进电动汽车有序及持续发展。现今，我国电动汽车的有效运营模式仍在探寻之中，充放电设施运营商一般由电网公司承担，充放电服务电价还未达成统一的标准。国外的电动汽车市场发展相对成熟，因此也涌现了多样化的运营模式。针对此方向的研究，也引起了国内外众多学者的兴趣。

(1) 研究现状及动态

孙丙香等（2014）采用成本加成定价法和年金法对换电租赁模式的运营价格进行了测算及对影响因素进行敏感性分析；刘潇潇等（2011）根据电动汽车商业运营历经的3个阶段提出相应的设施运营方案；苗轶群等（2012）集中讨论换电运营模式，提出了含电动汽车换电站的微电网优化调度策略；刘文霞等（2014）构建评估指标体系对插充模式和换电模式的社会效益、经济效益、对电力系统的影响、安全性等方面进行了综合分析；杨铎等（2012）提出充换电站应采用充电与换电相结合的工作方式，并结合电价进行了经济效益分析；Yang（2014）构造数学模型，利用价格信号对换电站运营模式进行研究；Roman（2011）对多种充电运营方式进行了比较研究。

(2) 文献评述

上述文献提出了多种运营模式设想，但是对具体实施细节较少涉及。本书拟提出“电动汽车用户—充换电运营商—电网—发电商”四个参与主体的电动汽车充放电利益链，并对其中的契约制度及经济约束进行研究，以此完善这一运营模式。

1.2.6 电动汽车利益主体协调优化

要推动电动汽车的规模发展，“用户-基础设施运营商-电网-发电商”的运营模式必须有其微观基础和宏观制度保证。微观基础主要体现在价格传导，宏观制度则体现在各主体间的契约关系。国内外一些学者已就电动汽车利益链多主体之间的协调方式进行了探讨。

（1）研究现状及动态

骆晓非（2013）提出电网、充电站、电动汽车车主三方利益的协调框架。以契约的形式分配电动汽车充电行为引发的义务和利益，以价格机制为主要的调节杠杆，实现充电行为的有序性。李成伟（2013）建立了以电网公司收益最大和用户花费最小为目标的双层规划，进一步采用混沌算法求得电网公司和用户的纳什均衡。张菁菁（2011）运用博弈的方法，通过建立政府、充电设施运营商、消费者两两之间的博弈模型，研究分析三者在推动充电设施建设和发展过程中的动力因素。陈慧斌（2012）运用低碳经济中的供应链管理理论，结合博弈分析方法探讨了电动汽车的定价和推广策略。N. Nishino（2011）从电动汽车制造商、基础设施运营商及用户三个主体的角度，运用博弈论探究三者这间的利益均衡状态。

（2）文献评述

上述文献主要分析了电动汽车相关利益方的协调优化，结合博弈论的相关理论探究了利益均衡条件及结果，这些研究成为了本书良好的研究基础。但是，以往的研究在考虑利益方时不够全面，一般只考虑了 3 个参与主体，但本书认为完善的利益链应该至少存在 4 个主体。其中，用户与电网公司必不可少，这也是以往的研究者共同认可的。除此之外，充电设施运营商也应该考虑进来，虽然现在我国多以电网公司发挥此参与方的作用，但是在未来的电动汽车市场中，多种类型的企业均能扮演此角色。另外，发电商也至关重要，发电商作为供能端，其利益与整个充电利益链息息相关。基于以上分析，本研究将更深入地对电动汽车充放电利益链协调优化进行研究。

1.3 主要内容和创新点

1.3.1 主要内容

电动汽车由于其具有节能减排效益成为了未来交通端的重要转型方向。电动汽车通过充电进行能量补充，其充电过程中涉及到多个利益主体，主要包括发电端、电网端、充电设施运营商及电动汽车用户。电动汽车的充电行为主要受用户主导，与用户平日的行车习惯及行车需求息息相关。不同于给传统燃油车供能的石油类产品，电能的需求量大、却又不能大量储存，所以需满足供需实时平衡的特性。由此，每一辆电动汽车接入电网的充电行为都形成了随机的用电负荷，与整个电力系统的运行是相连接的，不再像传统燃油车加油一样是个独立行为。此外，我国电源结构以燃煤为主，清洁能源占比较小，同时调峰任务主要由燃煤机组完成，此情况下电动汽车充电产生的边际发电量将主要由煤电供给，在交通端消除的排放转移到发电端的发电排放，这样使得促进电动汽车发展的节能减排初衷失去意义。所以，发展电动汽车需着重研究电动汽车的充电行为，及其对整个利益链条的影响，使充电行为向着更为合理及可持续的方向优化。此外，电动汽车充电行为的优化不是用户个体的行为，用户具有“经济人”特性，在没有外界激励引导的情况下，用户不会考虑其自身以外的利益。所以，需从整个利益链条的角度进行综合优化。各个利益主体均具有“经济人”特性，每个主体的决策准则不同，所以本书会以实际电动汽车充电行为对各利益方的影响为基础，对各相关主体的利益进行协调研究。基于此，本书的主要研究内容如图 1-5 所示。

实际充电行为是本课题研究的出发点：电动汽车发展的主要目标是实现其节能减排功能，但其功能发挥的关键决定于其充放电行为及模式，最理想的模式是电动汽车在用电低谷时充电，在用电高峰时放电。目前对实际充电行为的研究较少，且难以确定其产生的真实效益情况。我国正大力推动公共交通端的电气化进程，以国家电网及南方电网为主的在我国多省市形成了较为成熟的电动出租车运行体系。本书将以归纳电动出租车实际充电行为规律为目标，选择直充模式及换电模式的两个站点进行实地调研、采集数据，在对实际充电行为进行充分分析的基础上展开后文研究。

促进电动汽车的良性发展是本课题的归宿：与传统汽车相比，电动汽车在运行过程中涉及到多个利益主体（发电商、电网、基础设施运营商及用户），每个利益主体对电动汽车的运行都起到了至关重要的作用。虽然电动汽车充电的执行者是用户，但是充电造成的影响是整个利益链共同承担的。因此，需对各利益主体的收益及成本进行分析，探讨合理的多主体协同运行机制才是促进电动汽车发展的关键。

由此，本书基于实际调研所得电动出租车充电运行数据，以“用户—基础设施运营商—电网公司—发电商”为研究环节，探究有序及无序行为影响的正向传导及逆向引导机制，进一步挖掘整个链条的有序运作协同机制，以求兼顾电动汽车的规模发展及综合效益的最优实现。具体而言，本研究包括以下内容：

（1）电动汽车用户实际充电需求及行为趋向研究

对已有的某市比亚迪电动出租车直充站及电动出租车换电站展开实地调研，收集整理电动汽车每日行驶数据，包括每次充电时间、每日行驶距离等，详细分析影响电动汽车充电需求的因素，基于高斯混合分布模型拟合电动汽车充电行为，并通过蒙特卡洛方法验证拟合模型的有效性，获得电动出租车充电一般规律模型。

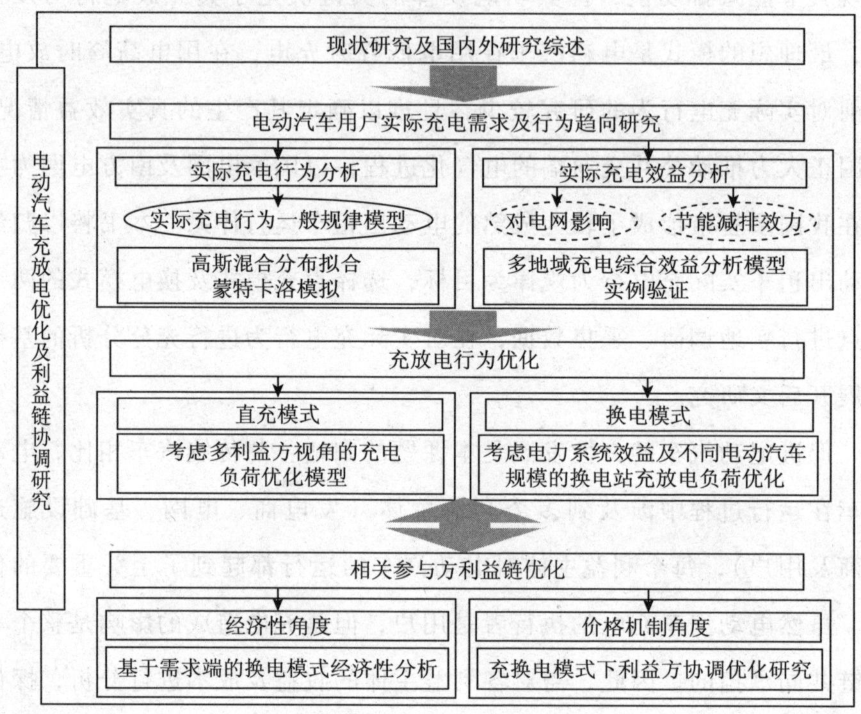

图 1-5　主要研究内容

(2) 电动汽车充电综合效益研究

电动汽车具有节能减排的特性，同时其充电对电力系统的平稳运行也会产生影响。与传统燃油车不同，电动汽车的节能减排效益受供电端电源结构的影响。电动出租车作为当下发展的重要领域之一，其运行存在跨区域一致性特征，然而受各地电源结构、出租车保有量等因素的影响，出租车电气化对电网产生的影响及实现的碳减排效益具有地域差异性。以此作为核心问题，本部分将从对电网的影响及碳减排两方面对实际充电行为造成的影响进行分析，与此同时，聚焦趋同的电动汽车充电行为所造成的综合效益地区差异性。基于电动汽车实际充电一般规律模型，以南方五省为例，考虑电源构成、负荷水平、出租车保有量，分别对出租车电气化产生的对电网负荷的影响及实现的碳减排量进行模型构建及数据测算，以此展开实证分析。

(3) 直充模式下考虑多利益方视角的有序充电优化及效益分析

基于拟合的实际充电行为一般规律模型及构建的电动汽车充电利益链（包括发电商、电网、充电设施运营商及用户），从多个利益方视角构建充电行为优化策略模型，并对各优化策略实现的效果进行对比。第一，分别从电网、充电设施运营商及用户的利益角度出发构建充电优化目标函数及合理充电约束条件；第二，考虑清洁能源入网，形成混合整数规划问题从发电商角度对各充电负荷的节能效应及可再生能源消纳效应进行研判，探究直充模式下有序充电的积极效益。

(4) 换电模式下考虑不同电动汽车规模的换电站有序充放电优化及效益研究

换电模式是电动汽车供能的重要方式之一，相较于直充模式，虽然其实施过程更为复杂，但是由于换电时间较直充模式下能明显缩短，所以一些城市的电动出租车充电都选用了此模式。此外，在换电模式下，电池由运营商进行统一管理，方便电池进行及时的维护及梯次利用，换电站也更易于采用 V2G 技术，实现电池的充放电并且参与到电力系统的辅助市场中来。基于收集的换电站运营数据，结合电网用电数据及用户行为特点，提出有序换电模式。从电网角度选取效益指标对有序换电模式的实施效果进行分析；从发电商角度构建考虑清洁能源入网的发电侧经济调度模型，探讨换电站执行电池放电前后对燃煤成本及可再生能源消纳的影响。进一步，考虑电动汽车的未来发展，探讨不同规模下电动汽车所具效益的规模经济性。

（5）基于需求端的换电模式运营经济性分析

通过前文的分析及研究，可得换电模式在有序充放电的操作及实施效果上较直冲模式更优，然而由于前期投资较大，所以换电模式的经济性成为了其顺利开展的阻碍。一方面，运营商是支撑换电模式良好运行的关键，在此模式下，运营商是充电行为的实际执行者，可以归属为“需求端”，换电收入及放电得益可以用以平衡其较大的前期投入成本；另一方面，电动汽车用户是换电模式能够顺利开展的决定者，只有在换电模式相对于燃油车及直充模式仍有经济竞争力时，用户才愿意选择换电模式。因此，为了促进换电模式的健康发展，必须着眼于换电运营商及用户的利益，只有实现这两者的经济可行才能达成整个换电利益链的协调。

在研究过程中，首先挖掘潜在的换电服务运营商，包括电力公司、电池制造商及石油石化类企业，此三者具有开展换电服务的先天优势，分别具有开展换电服务所必备的电能资源、电池资源及场地资源。基于此，进一步结合运营商获取电池的不同方式（购买或租赁）能够形成五种开展换电服务的运营模式，并构建运营商经济效益分析模型，求解得开展换电服务的边际收益条件；同时，从用户的角度出发构建用户经济效益分析模型，求解得用户接受换电服务的边际成本条件。综合考虑用户及运营商的利益需求，得到利益平衡点，从而分析不同运营模式的有效性及盈利性，并且要结合影响运营模式开展的不同因素进行敏感性分析，多方位考察运营模式的经济性及适用性。

（6）促进电动汽车有序充放电的利益链协调研究

发电方、电网、运营商及用户是电动汽车充放电利益链的主要参与方，本章基于序贯博弈思维，以实现整个利益链的协调运作为目标，使各利益方之间实现层层动态博弈，并采用规划方法，构建电价联动优化模型，分别就直充模式及换电模式的利益链协调优化进行研究。

作为连接各利益方的组成要素，电力流、利益流及效用流均起了重要作用，其中，电力流是连接各方的物质基础、利益流是协调各方的关键，而效用流可促进利益流进一步优化。直充模式下，发电方首先报价，电网方制定分时电价来引导用户进行有序充电，运营商收取合理充电服务费用，用户根据分时充电价格改变自己的行为，以此执行有序充电策略。优化后的充电负荷帮助平衡负荷波动，提高发电端的缓建效益，从而实现上网电价的降低，联动的电价再次影响用户行为，最终通过层层博弈、多次联动来实现整个价格链的平衡。换电模式下，仍然以运营商作为协调各方的关键，考虑其充电行为具有组织性、统一性，不同于个体充电，所以电网与其的交易可通过统一电价批量购电的方式执行，并建立契约，制定相应的放电电价策略促使换电运营商参与放电服务，运营商通过分时换电服务费引导用户的换电行为。综合起来，才能使换电模式既能保障用户的换电需求、又能发挥对电力系统的储能功能及辅助调峰功能，最终实现整个利益链的协调。

1.3.2 创新点

（1）立足电动汽车的实际充电行为，基于高斯混合分布模型、贝叶斯信息准则、蒙特卡洛模拟法构建电动出租车充电行为一般规律模型

对 129 辆电动出租车每日的运行数据进行了为期 4 个月的记录，共获得 10600 组有效出行记录数据，每组数据包括每次充电始末时间、每日行驶里程、每日充电次数等信息。基于高斯混合分布模型对有效数据进行了分布函数拟合，并通过贝叶斯信息准则筛选出最优的拟合模型，进一步通过蒙特卡洛模拟法生成随机数来验证拟合函数的有效性，从而获得电动出租车充电行为的一般规律模型。

（2）聚焦趋同电动汽车充电行为的跨地域效益差异性分析

不论是电动私家车或是电动出租车皆具有跨地域一致性特征，然而由于电动汽车本身的特性，其节能减排作用不像燃油车一样决定于交通端，而是受制于整个电力系统。所以，受各地域电力系统结构差异的影响，电动汽车的发展在不同地域实现的效益不同，未来电动汽车的良好可持续发展需注意因地制宜。本书从电力系统视角及碳减排视角分别选取代表性指标构建电动汽车效益分析模型，而且结合了多个省市的实际数据进行评估测算，验证了所提观点。

（3）从不同利益方角度构建有序充电优化模型

以往有序的充电研究在构建优化目标时，或是只聚焦于电网或用户来优化充电负荷，或是将两目标相结合，少有形成从整个利益链综合进行优化的思路。在构建优化目标时，本书考虑了利益方之间的相互作用。以电网视角为例，在以峰谷波动最小为优化目标的常规思路外，考虑到充电负荷的决定者在于用户端，其执行有序充电需靠外界的激励引导，所以，一方面电网端通过有序充电受益，另一方面电网需付出一定激励以刺激用户行为。从而，基于电网视角构建有序充电优化模型时，一方面将负荷波动最小作为优化目标，另一方面将电网所付出的补偿激励加入到目标函数中进行模型构建。

（4）换电服务运营模式挖掘及经济性分析

换电模式具有竞争力，运营商的经济性是保障其健康发展的关键，由于缺乏有效的运营模式保障运营商的经济性，因此在发展的过程中受到阻力。本书聚焦未来换电服务市场的多元化发展，挖掘潜在换电服务运营商及其执行服务的可行过程，基于用户及运营商视角分别构建经济效益分析模型，寻求两者之间的利益平衡点，从而对各运营模式的有效性进行研判，这对未来实际开展此项服务具有一定参考性。

（5）构建促进电动汽车充电利益链协调的联动电价模型

发电方、电网方、运营商及用户是电动汽车充电利益链的构成者。电动汽车具有节能减排性，对电力系统可实现削峰填谷、辅助清洁能源入网的效应，但此效应实现的前提是进行有序充放电，而引导有序充放电的关键则是各参与方之间的交易价格。为了实现利益链的协调，本书分别就直充模式及换电模式的情况进行分析。直充模式下，基于序贯博弈理论，使利益链各方之间实现层层动态博弈，建立联动电价模型，求得利益链协调时的价格平衡点；换电模式下，建立电网与运营商之间的契约机制，基于“委托—代理”理论建立运营商与用户之间的交易方式，以充放电价及分时换电服务价为突破点，来寻求使各利益方均受益的最优策略。

第2章 电动汽车充电行为及规律拟合模型①

2.1 电动汽车充电行为拟合思路

2.1.1 充电行为数据获取路径

电动汽车具有显著的节能减排潜力，其大规模发展有利于实现低碳交通、排放降低及能源系统的辅助服务，然而这都依赖于有序、合理的电动汽车驾驶和充电行为。同时，充电行为对比加油行为的转变难易度及便捷度也将影响着电动汽车对燃油车的替代进程。充电行为将直接引起充电负荷产生，进一步将影响用电总负荷，对电力系统的运行形成附加压力。总体而言，充电行为对于能否形成可持续的电动汽车市场至关重要，对发挥电动汽车的潜在节能减排效益十分关键。

通常，获得电动汽车的行驶数据及充电信息基于三种方法。

（1）以传统燃油车的行驶规律代表电动汽车的行驶特点

由于电动汽车的普及度不高，难以获取实际电动汽车的数据，所以用燃油车的行驶规律替代电动汽车行驶规律的相关研究较为普遍。由于车主的驾驶时间及驾驶距离具有固定的特点，所以这样的替代方法具有

---

① 特别鸣谢普渡大学才华老师在本章内容研究过程中给予的指导，部分内部被 *International Journal of Sustainable Transportation* 录用待发。

一定的合理性。美国全国家庭出行调查（National Household Travel Survey，NHTS）是获得这类数据的代表性来源之一。该项调查是由美国交通统计局及联邦高速公路管理局共同赞助的，并由美国交通部发起，用以收集美国公民在本地及外埠的交通行驶数据。这些数据包括行驶模式、持续时间、行驶距离及出行目的等，可以被政策制定者、行业专业人士、学术研究人员等用在研究交通出行规律、计划新投资及了解国家基础设施建设等方面，许多学者已利用此途径假设电动汽车的充电行为。通常，基于 NHTS 统计数据进行分析时，对于家用车辆每日行驶里程 x_1 的概率分布函数按式（2-1）进行建模，针对每日行程结束时刻 x_2 的概率分布函数按式（2-2）进行建模：

$$f_D(x_1)=\frac{1}{\sqrt{2\pi}a_1\sigma_{D1}}e^{-\frac{(x_1-\mu_{D1})^2}{2\sigma_{D1}^2}}+\frac{1}{\sqrt{2\pi}a_2\sigma_{D2}}e^{-\frac{(x_1-\mu_{D2})^2}{2\sigma_{D2}^2}} \tag{2-1}$$

$$f_s(x_2)=\begin{cases}\dfrac{1}{\sqrt{2\pi}\sigma_s}e^{-\frac{(x_2-\mu_s)^2}{2\sigma_s^2}}(\mu_s-12\leq x_2<24)\\[2ex]\dfrac{1}{\sqrt{2\pi}\sigma_s}e^{-\frac{(x_2+24-\mu_s)^2}{2\sigma_s^2}}(0\leq x_2<\mu_s-12)\end{cases} \tag{2-2}$$

式中，a_1，a_2；μ_{D1}，μ_{D2}；σ_{D1}，σ_{D2} 分别为私家车每日行驶里程概率分布函数的系数、均值及标准差；μ_s，σ_s 分别为每日行驶结束时刻概率分布函数的均值及标准差。

除了此项调查，采用 GPS（Global Positioning System）手段也是获得传统燃油车出行数据的另一重要途径。Karisson（2013）采用此方法对瑞典 770 辆汽车的出行数据进行了为期 2 年的记录；我国学者吴履伟（2013）同样采用 GPS 方法对北京市 112 辆私家车进行了为期 2003 天、共计 4892 次出行、总共十万公里距离的记录，得出北京市私家车的每日出行里程服从伽马分布。

然而，考虑到我国的充电设施的建设状况、电动汽车行驶里程等发展的限制，用户是否愿意选择电动汽车出行、并且如美国 NHTS 调查及 GPS 记录呈现的数据一样驾驶电动汽车、并完成电动汽车充电值得思考。由于电动汽车充电站并未全面分布，而电动汽车的行驶里程受限，由此用户的出行将有所顾虑，因此不会轻易进行长途活动，这与传统燃油车的行驶方式出现差异。此外，由于电动汽车充电时间长、而燃油车加油时间短，所以以燃油车的启停代表电动汽车的启停也不合适。所以，需要进一步研究电动汽车的实际行驶状况及充电行为。

（2）对实际电动汽车的行驶数据进行记录

由于现阶段各国电动汽车的发展规模尚小，所以采用此种方法进行记录的研究较少。其中，Tian（2014）采用 GPS 方法对深圳市 600 辆电动出租车的运行及充电数据进行了记录，但该研究重在评估电动汽车的经济效益，而忽略了对电动汽车一般充电行为的归纳；Ashtari（2014）构建模型对加拿大温尼伯市的 76 辆电动汽车的停车时段进行了研究，将重点放在了对电动汽车运行状态及停驶状态的区别研究上，这对该类方法的完善发挥了参考作用。

（3）基于虚拟行驶行为

此种方法常见于在构建充电优化模型时为实现某目标而对优化的充电行为进行描述。模型的优化目标包括平衡用电负荷、降低网损或电压损耗等；用以约束电动汽车行驶行为的变量包括电动汽车的行驶开始时间、停靠时间、行驶距离等，相关研究详见第一章国内外研究动态部分 1.2.2 节。

2.1.2 充电规律模型构建思路

现阶段，我国政府将公共交通的电气化作为了低碳交通的突破口，以此刺激充电设施的广泛建设，为私家电动汽车的大规模推广做好铺垫。目前我国多个地级市已实现了电动出租车或电动公交车上路。出租车通常一周运行 7 天，实行一班制或两班制，我国许多地区仍实施两班制，采用司机轮班的方式每日运行 24 小时。相较于私家车因为车主上班及回家时间的限制而拥有较为固定的充电时间，出租车的连续运行将会产生更为复杂及随机的充电需求。并且，当出租车电气化比例增高时，充电负荷总量将显著上升，并且充电负荷的时间产生不定，由此将对电力系统的运行造成明显压力。所以，对电动出租车的充电行为进行分析、规律总结及优化的意义重大。

本章将对实际的电动出租车充电行为进行分析及拟合，得出描述电动出租车运行规律的一般模型。笔者对 129 辆电动出租车的行驶及充电数据进行了为期 4 个月的记录，共计 10600 组有效的出行数据。每组出行数据包括每日电动汽车的充电次数、每次充电开始时间及相应的结束时间、每日行驶里程及行驶的总里程。综合每次充电的开始及结束时间可得每次充电的持续时间。某市电动出租车采用的均为比亚迪 e6 型号，最大行驶速度可达 160km/h，能量消耗率为 0.2kWh/km，行驶里程可达 300km。

为了获得规模电动出租车充电的充电负荷，必须先掌握电动出租车充电的一般规律，细化来看，需解决两个关键问题，即电动出租车什么时候开始充电和每次充电历时时长。图 2-1 展示了本章的研究思路及采用的研究方法。首先，对收集的出行数据进行系统地整理及统计，对统计获得的充电行为规律进行深入分析；其次，围绕开始充电时间及充电历时两个问题，基于高斯混合分布模型拟合得出充电开始时间分布及充电历时分布，将两者相结合可得出充电行为的拟合模型；最后，基于蒙特卡洛模拟方法对拟合模型进行验证，当预测数据与实际数据相符时通过验证，由此可得出最终充电一般规律模型。

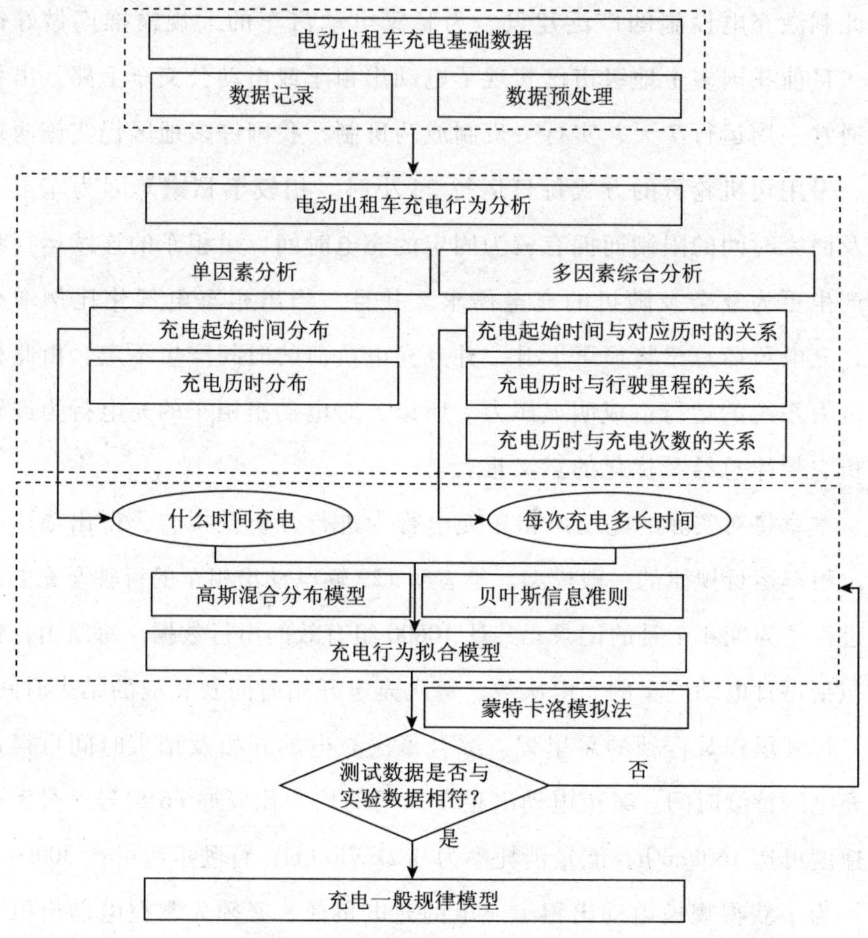

图 2-1　充电一般规律模型研究思路

本章解决此问题所采用的关键方法是高斯混合分布模型、贝叶斯信息准则（Bayesian information criterion，BIC）及蒙特卡洛模拟法。

高斯混合分布模型是高斯模型的扩展与延伸。高斯混合分布模型由于其对数据的包容性，理论上可以拟合任意规律的概率分布，并且其应用范围广泛，已在视频更新、数据聚类、语音识别、交通状态等领域得到应用。在本书中，考虑到电动出租车每日充电次数多、充电时间分布不固定的特点，拟采用高斯混合分布模型对充电开始时间分布规律进行拟合。

由 k 个组件组成的高斯混合分布模型可表示为：

$$f(t_k | \mu_j, \sigma_j) = \sum_{j=1}^{k} \frac{a_j \omega_j}{\sqrt{2\pi}\sigma_j} e^{-\frac{1}{2\sigma_j^2}(t_k - \mu_j)^2} \tag{2-3}$$

式中，t_k 为充电开始时间；μ_j 为第 j 个高斯分布对应的期望值；σ_j 为对应的标准差；a_j 为第 j 个高斯分布对应的系数；ω_j 为第 j 个高斯分布对应的权重，其满足 $\sum_{j=1}^{k} \omega_j = 1$。

为了避免在采用高斯混合分布时过度拟合，需要基于 BIC 准则确定最优的高斯分布组件数。BIC 即贝叶斯信息准则，是主观贝叶斯派归纳理论的重要组成部分。贝叶斯信息准则是在不完全的情报下，对部分未知的状态用主观概率估计，然后用贝叶斯公式对发生的概率进行修正，最后再利用期望值和修正概率做出最优决策。它考虑了各类参考总体出现的概率大小，又考虑了因误判造成的损失大小，其判别能力强，可以防止拟合过度的情况发生。

2.2 电动汽车充电行为分析

系统地对收集的数据进行整理及统计分析，可分别从整体及个体两个角度对充电行为进行分析。同时，在考虑到工作日及休息日出租车的运行繁忙程度不同，基于周中和周末的区别，要进一步对充电行为分析进行深化，可得以下内容。

2.2.1 原始数据处理

2.2.1.1 原始数据记录

通过对某市电动出租车的实地调研，可得单日 50 辆电动出租车的原始数据样例如表 2-1 所示（以 2015 年 2 月 12 日数据为例）。

表 2-1　电动出租车行驶规律原始数据

编号	总里程（km）	今日里程（km）	今日充电次数	起始时间	结束时间	起始时间	结束时间	起始时间	结束时间	起始时间	结束时间	起始时间	结束时间
1	635611. 3	557. 8	4	1:23	2:23	6:29	7:36	13:28	14:06	18:28	19:19	—	—
2	629856. 6	538. 3	5	0:42	1:49	6:14	6:52	9:28	9:37	11:49	12:26	17:51	18:40
3	613676. 4	566. 0	4	1:39	2:29	6:05	7:11	15:24	17:03	22:56	23:43	—	—
4	609477. 2	621. 5	4	1:43	2:50	5:44	6:50	12:03	12:49	17:44	18:42	—	—
5	604837. 6	539. 5	2	11:13	11:29	13:31	14:56	—	—	—	—	—	—
6	604481. 9	560. 1	3	3:49	4:54	13:44	15:14	20:54	21:42	—	—	—	—
7	598242. 2	500. 3	4	2:55	4:02	9:39	10:27	15:25	16:10	22:18	22:55	—	—
8	594137. 8	565. 6	4	1:00	2:21	5:03	5:40	12:48	13:55	18:17	19:05	—	—
9	590116. 0	543. 6	4	2:21	4:16	8:59	10:04	15:43	16:43	21:17	22:04	—	—
10	583555. 8	308. 5	3	10:40	11:06	17:43	18:42	22:50	23:28	—	—	—	—
11	582488. 4	568. 8	4	3:17	4:25	9:54	10:55	15:49	16:39	21:41	22:27	—	—
12	580713. 1	613. 7	4	4:01	4:56	6:25	6:54	12:47	13:57	17:48	18:53	—	—
13	578727. 7	605. 2	5	2:35	3:24	5:50	6:26	11:15	12:10	17:19	18:09	22:46	23:26
14	578717. 3	609. 7	5	3:33	4:52	7:33	8:23	12:02	12:10	15:02	16:12	21:01	21:48
15	576926. 6	562. 3	4	1:49	2:16	3:37	4:44	9:37	10:37	15:58	16:46	—	—
16	572473. 5	560. 2	5	0:26	1:11	4:45	5:50	11:34	12:20	16:39	17:18	22:30	23:16
17	571513. 4	510. 7	3	4:36	6:13	11:18	11:47	17:30	18:15	—	—	—	—
18	570806. 8	460. 1	4	4:17	5:57	10:42	11:10	13:37	14:17	21:21	21:50	—	—

续表

编号	总里程（km）	今日里程（km）	今日充电次数	起始时间	结束时间	起始时间	结束时间	起始时间	结束时间	起始时间	结束时间	起始时间	结束时间
19	569798.6	558.5	4	0:47	2:02	5:59	6:36	11:13	11:53	16:39	17:45	—	—
20	564733.5	631.8	3	5:58	6:54	10:16	10:41	17:16	18:26	—	—	—	—
21	564139.6	513.9	4	2:41	3:46	10:50	11:29	16:23	17:23	21:56	22:34	—	—
22	559558.3	531.2	4	1:12	2:32	10:03	10:48	16:18	17:16	21:21	21:57	—	—
23	559488.9	505.3	4	2:28	3:15	10:30	10:57	16:44	17:14	21:56	22:24	—	—
24	559295.2	543.5	3	5:03	6:20	11:21	12:22	17:24	18:20	—	—	—	—
25	558943.5	579.4	4	3:45	5:02	11:06	11:25	15:32	16:29	22:12	23:02	—	—
26	558573.5	509.6	3	4:59	5:44	10:13	10:51	17:07	18:24	—	—	—	—
27	556445.9	444.7	4	1:26	2:35	5:40	6:17	14:51	15:19	17:50	18:50	—	—
28	554081.5	542.5	4	3:20	4:20	10:39	11:35	16:43	17:43	21:46	22:13	—	—
29	553589.3	589.6	5	3:25	4:42	8:08	8:34	12:28	12:54	15:48	16:48	21:38	22:13
30	553237.7	613.8	4	4:55	6:01	13:02	13:41	17:01	18:18	22:13	22:49	—	—
31	548988.7	529.5	4	2:44	3:32	10:10	10:59	15:40	16:35	19:13	19:28	—	—
32	544618.7	530.9	4	2:45	3:55	10:42	11:01	16:13	17:30	21:10	21:19	—	—
33	541231.7	535.0	4	4:12	5:27	11:21	12:20	14:05	14:24	21:38	22:54	—	—
34	540901.2	441.5	4	0:38	1:18	3:38	4:34	12:25	13:24	17:13	18:03	—	—
35	540824.9	534.2	3	3:20	4:06	10:54	11:09	22:22	22:51	—	—	—	—
36	540098.7	389.6	3	2:26	3:55	10:53	11:42	20:57	21:24	—	—	—	—

续表

编号	总里程（km）	今日里程（km）	今日充电次数	起始时间	结束时间	起始时间	结束时间	起始时间	结束时间	起始时间	结束时间	起始时间	结束时间
37	539490. 5	574. 8	4	2:22	2:47	5:24	6:21	12:41	13:38	18:22	19:20	—	—
38	538210. 3	500. 1	4	3:03	4:08	10:23	10:51	15:51	17:17	22:50	23:37	—	—
39	537984. 9	479. 8	3	3:37	4:27	14:11	14:30	17:07	18:14	—	—	—	—
40	536323. 4	501. 7	3	0:48	1:45	6:00	6:45	17:55	19:15	—	—	—	—
41	535256. 7	598. 1	3	5:18	6:45	11:03	11:38	17:19	18:18	—	—	—	—
42	534578. 9	576. 2	5	1:25	2:01	4:53	5:52	6:35	6:45	14:06	15:34	18:28	18:53
43	533604. 8	529. 3	4	2:34	3:53	9:55	10:40	15:24	16:13	20:34	21:03	—	—
44	532849. 5	562. 8	4	1:53	2:29	5:15	5:54	12:15	13:41	17:28	18:03	—	—
45	532658. 4	466. 9	3	2:00	3:19	10:08	11:38	20:44	21:33	—	—	—	—
46	530435. 5	577. 0	3	6:02	6:48	11:49	12:45	18:03	19:03	—	—	—	—
47	528529. 3	516. 4	4	1:40	2:39	9:35	10:13	15:37	16:37	19:23	19:53	—	—
48	527618. 5	577. 0	4	4:27	5:52	11:56	12:11	15:42	16:57	22:41	23:01	—	—
49	527526. 6	423. 9	4	1:15	2:12	6:39	6:55	14:40	15:26	21:14	21:54	—	—
50	526885. 2	480.	5	2:05	3:01	5:22	5:30	12:19	13:36	17:08	17:43	22:20	23:05

2.2.1.2 标准化处理

由于原始数据中每辆车的每次充电起始时间是按照时/分的格式记录的，不利于作为数据参数进行分析，故需将每个时间参数作标准化处理。可得结果如表 2-2 所示。

表 2-2 电动出租车充电时间标准化处理结果

编号	总里程（km）	今日里程（km）	今日充电次数	起始时间	结束时间	起始时间	结束时间	起始时间	结束时间	起始时间	结束时间	起始时间	结束时间
1	635611. 3	557. 8	4	1. 38	2. 38	6. 48	7. 6	13. 47	14. 1	18. 47	19. 32		
2	629856. 6	538. 3	5	0. 7	1. 82	6. 23	6. 87	9. 47	9. 62	11. 82	12. 43	17. 85	18. 67
3	613676. 4	566. 0	4	1. 65	2. 48	6. 08	7. 18	15. 4	17. 05	22. 93	23. 72		
4	609477. 2	621. 5	4	1. 72	2. 83	5. 73	6. 83	12. 05	12. 82	17. 73	18. 7		
5	604837. 6	539. 5	2	11. 22	11. 48	13. 52	14. 93						
6	604481. 9	560. 1	3	3. 82	4. 9	13. 73	15. 23	20. 9	21. 7				
7	598242. 2	500. 3	4	2. 92	4. 03	9. 65	10. 45	15. 42	16. 17	22. 3	22. 92		
8	594137. 8	565. 6	4	1	2. 35	5. 05	5. 67	12. 8	13. 92	18. 28	19. 08		
9	590116. 0	543. 6	4	2. 35	4. 27	8. 98	10. 07	15. 72	16. 72	21. 28	22. 07		
10	583555. 8	308. 5	3	10. 67	11. 1	17. 72	18. 7	22. 83	23. 47				
11	582488. 4	568. 8	4	3. 28	4. 42	9. 9	10. 92	15. 82	16. 65	21. 68	22. 45		
12	580713. 1	613. 7	4	4. 02	4. 93	6. 42	6. 9	12. 78	13. 95	17. 8	18. 88		
13	578727. 7	605. 2	5	2. 58	3. 4	5. 83	6. 43	11. 25	12. 17	17. 32	18. 15	22. 77	23. 43
14	578717. 3	609. 7	5	3. 55	4. 87	7. 55	8. 38	12. 03	12. 17	15. 03	16. 2	21. 02	21. 8
15	576926. 6	562. 3	4	1. 82	2. 27	3. 62	4. 73	9. 62	10. 62	15. 97	16. 77		
16	572473. 5	560. 2	5	0. 43	1. 18	4. 75	5. 83	11. 57	12. 33	16. 65	17. 3	22. 5	23. 27
17	571513. 4	510. 7	3	4. 6	6. 22	11. 3	11. 78	17. 5	18. 25				
18	570806. 8	460. 1	4	4. 28	5. 95	10. 7	11. 17	13. 62	14. 28	21. 35	21. 83		

续表

编号	总里程（km）	今日里程（km）	今日充电次数	起始时间	结束时间	起始时间	结束时间	起始时间	结束时间	起始时间	结束时间	起始时间	结束时间
19	569798.6	558.5	4	0.78	2.03	5.98	6.6	11.22	11.88	16.65	17.75		
20	564733.5	631.8	3	5.97	6.9	10.27	10.68	17.27	18.43				
21	564139.6	513.9	4	2.68	3.77	10.83	11.48	16.38	17.38	21.93	22.57		
22	559558.3	531.2	4	1.2	2.53	10.05	10.8	16.3	17.27	21.35	21.95		
23	559488.9	505.3	4	2.47	3.25	10.5	10.95	16.73	17.23	21.93	22.4		
24	559295.2	543.5	3	5.05	6.33	11.35	12.37	17.4	18.33				
25	558943.5	579.4	4	3.75	5.03	11.1	11.42	15.53	16.48	22.2	23.03		
26	558573.5	509.6	3	4.98	5.73	10.22	10.85	17.12	18.4				
27	556445.9	444.7	4	1.43	2.58	5.67	6.28	14.85	15.32	17.83	18.83		
28	554081.5	542.5	4	3.33	4.33	10.65	11.58	16.72	17.72	21.77	22.22		
29	553589.3	589.6	5	3.42	4.7	8.13	8.57	12.47	12.9	15.8	16.8	21.63	22.22
30	553237.7	613.8	4	4.92	6.02	13.03	13.68	17.02	18.3	22.22	22.82		
31	548988.7	529.5	4	2.73	3.53	10.17	10.98	15.67	16.58	19.22	19.47		
32	544618.7	530.9	4	2.75	3.92	10.7	11.02	16.22	17.5	21.17	21.32		
33	541231.7	535.0	4	4.2	5.45	11.35	12.33	14.08	14.4	21.63	22.9		
34	540901.2	441.5	4	0.63	1.3	3.63	4.57	12.42	13.4	17.22	18.05		
35	540824.9	534.2	3	3.33	4.1	10.9	11.15	22.37	22.85				
36	540098.7	389.6	3	2.43	3.92	10.88	11.7	20.95	21.4				

续表

编号	总里程（km）	今日里程（km）	今日充电次数	起始时间	结束时间	起始时间	结束时间	起始时间	结束时间	起始时间	结束时间	起始时间	结束时间
37	539490.5	574.8	4	2.37	2.78	5.4	6.35	12.68	13.63	18.37	19.33		
38	538210.3	500.1	4	3.05	4.13	10.38	10.85	15.85	17.28	22.83	23.62		
39	537984.9	479.8	3	3.62	4.45	14.18	14.5	17.12	18.23				
40	536323.4	501.7	3	0.8	1.75	6	6.75	17.92	19.25				
41	535256.7	598.1	3	5.3	6.75	11.05	11.63	17.32	18.3				
42	534578.9	576.2	5	1.42	2.02	4.88	5.87	6.58	6.75	14.1	15.57	18.47	18.88
43	533604.8	529.3	4	2.57	3.88	9.92	10.67	15.4	16.22	20.57	21.05		
44	532849.5	562.8	4	1.88	2.48	5.25	5.9	12.25	13.68	17.47	18.05		
45	532658.4	466.9	3	2	3.32	10.13	11.63	20.73	21.55				
46	530435.5	577.0	3	6.03	6.8	11.82	12.75	18.05	19.05				
47	528529.3	516.4	4	1.67	2.65	9.58	10.22	15.62	16.62	19.38	19.88		
48	527618.5	577.0	4	4.45	5.87	11.93	12.18	15.7	16.95	22.68	23.02		
49	527526.6	423.9	4	1.25	2.2	6.65	6.92	14.67	15.43	21.23	21.9		
50	526885.2	480.0	5	2.08	3.02	5.37	5.5	12.32	13.6	17.13	17.72	22.33	23.08

2.2.1.3 数据提取

为了分析电动出租车的实际充电行为，本书需要解决电动出租车充电开始时间、充电结束时间、每日充电次数等问题。同时受到时间影响，电动出租车在工作日及休息日的充电活动也会发生变化。由此，围绕记录的基础数据，本研究将从以下几个方面进行数据提取。

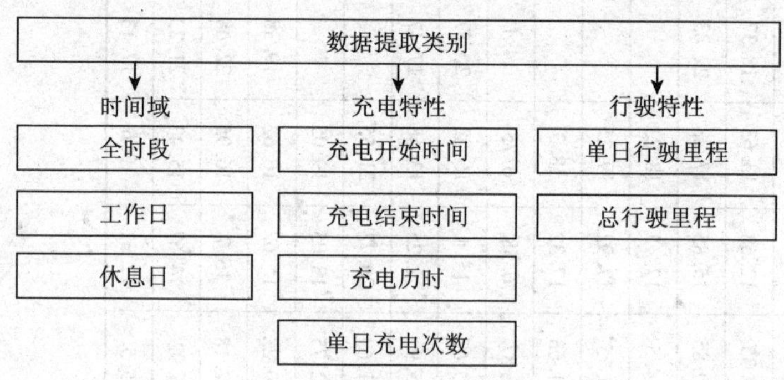

图 2-2 数据提取方法

2.2.2 单因素分析

2.2.2.1 充电起始时间分布

针对全时段、工作日及休息日分别获得充电开始时间概率分布图，如图 2-3 所示。从图中可知，全体电动出租车每日拥有 4 个充电高峰时点，分别位于每日凌晨 4 点、上午 11 点、下午 5 点及夜间 9 点。发生在凌晨的充电行为对应的开始时点分布较广，从凌晨 2 点至 5 点持续有较多车辆开始充电。图 2-3（b）显示针对工作日的下午 5 点左右开始充电的概率最高；而针对休息日的凌晨及下午开始充电的概率相比于上午及夜间开始充电的概率更高。

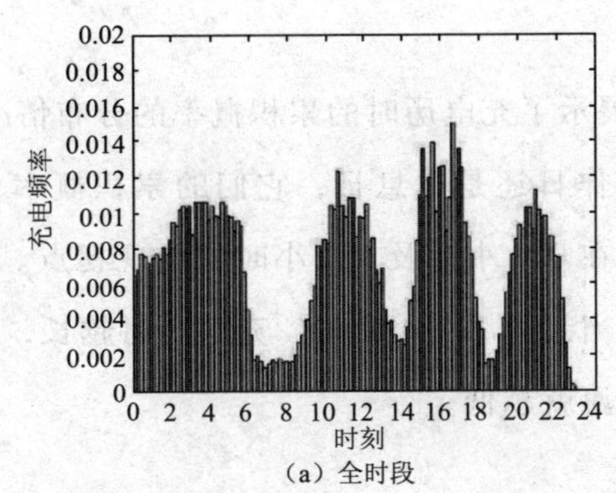

(a) 全时段

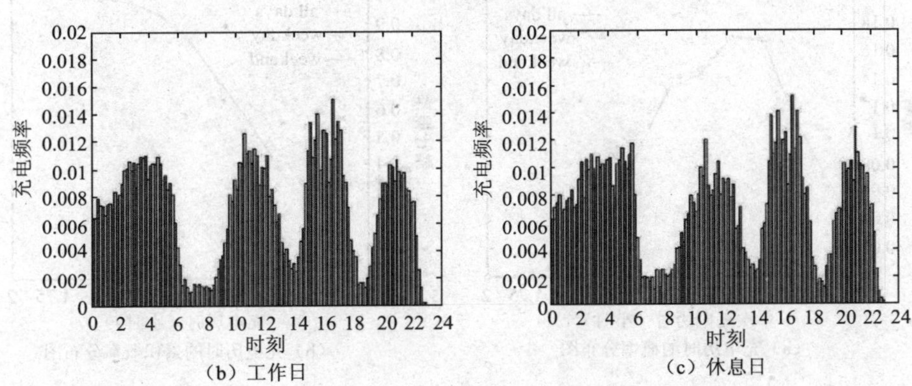

(b) 工作日　　(c) 休息日

图 2-3　充电开始时间分布图

2.2.2.2　充电历时分布

将收集的充电历时数据以 10 分钟作为组距进行统计，可得概率分布图及累计概率分布图，如图 2-4 所示。

从图 2-4（a）中可得，概率分布图呈高斯分布形状，波峰向左倾斜，峰值位于 0.6 小时左右。17%左右的充电活动持续约 0.6 小时，10%以下的充电活动只持续 20 分钟，14%左右的充电活动持续 1 小时，且少有司机选择单次充电 2 小时。图中，各时段的概率分布曲线在充电历时 0.8 小时至 1 小时范围内出现明显差异，其中，在休息日时充电 0.8 小时至 1 小时的概率偏低，但是其充电 0.5 小时至 0.75 小时的概率偏高；同样，休息日时充电 1.25 小时至 1.5 小时的概率也高于其他两个时段。

图 2-4（b）展示了充电历时的累积概率的分布情况，从图中可得，无论是全时段、工作日还是休息日，它们的累积概率分布曲线基本重合，呈现 S 型，且在 0.3 小时及 1.1 小时处出现拐点。80%的充电活动持续 1 小时以下，当超过 1.1 小时时，充电历时越长，司机愿意承担长时间充电活动的意愿就越低。

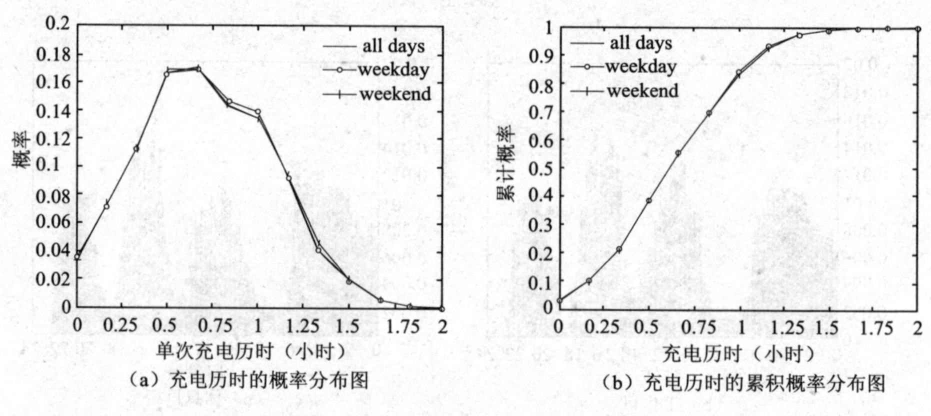

（a）充电历时的概率分布图

（b）充电历时的累积概率分布图

图 2-4　各时段下充电历时分布图

2.2.3　多因素综合分析

2.2.3.1　充电起始时间及历时相关关系

图 2-5（a1），（b1），（c1）分别展示了不同时段充电开始时间与充电历时之间的关系，采用渐变图可突显出分布散点的密度。其中，颜色由深到浅代表密度由小到大。由于原始数据只精确到分钟，所以在散点分布图中造成了条状的空白部分。从图（a1），（b1），（c1）中可看出，不论是什么时段，都存在 4 个明显的充电高峰时点，这与前文分析保持一致。并且，发生在凌晨及下午的充电活动相比发生在上午及夜间的充电活动历时更长，这与我国出租车的运营现状相符。我国多数地区

仍采用轮班制，两个司机负责一辆出租车 24 小时运行，每日凌晨及下午为倒班的时点。这种情况下，在倒班前，当班的司机会确保车辆能量充足再交至轮班的司机手中。所以，在每日的凌晨及下午会出现两个耗时较长的充电活动，作为主要供能时间；而另外两个时段为当班司机工作段内的间隙能量补充时间。

进一步，根据图 2-5（a1），（b1），（c1）密度的变化规律将全天的充电活动分成 4 个时段来细化分析，分别为每日零时至上午 8 时、上午 8 时至下午 14 时、下午 14 时至下午 19 时、下午 19 时至次日零时。根据每个时间区间，统计充电历时的概率分布，对应全时段、工作日及休息日的概率分布如图 2-5（a2），（b2），（c2）所示，其中频数统计区间为 10 分钟。图中可得每条概率分布曲线均呈现高斯分布形状，且不同时段对应的分布曲线相似。从各曲线峰值对应的横坐标中可看出，0 点至 8 点的充电活动平均耗时最长，其次为 14 点至 19 点的充电活动，发生在 8 点至 14 点及 19 点至 24 点的充电活动平均耗时相近，均在 0.5 小时左右。

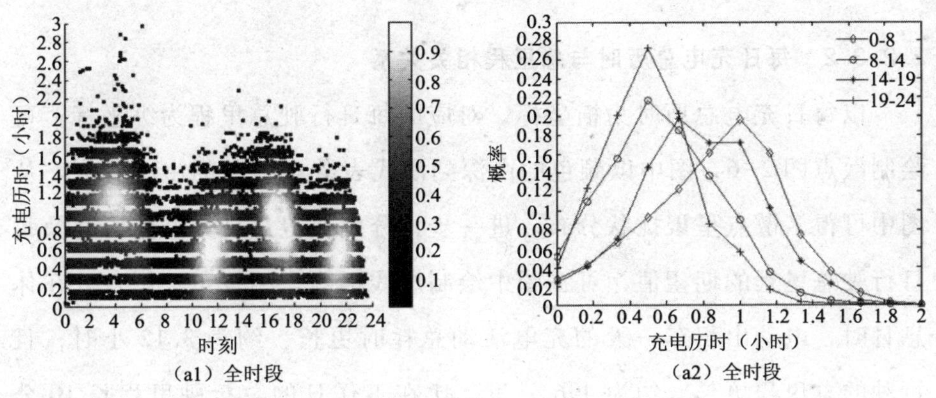

（a1）全时段　　（a2）全时段

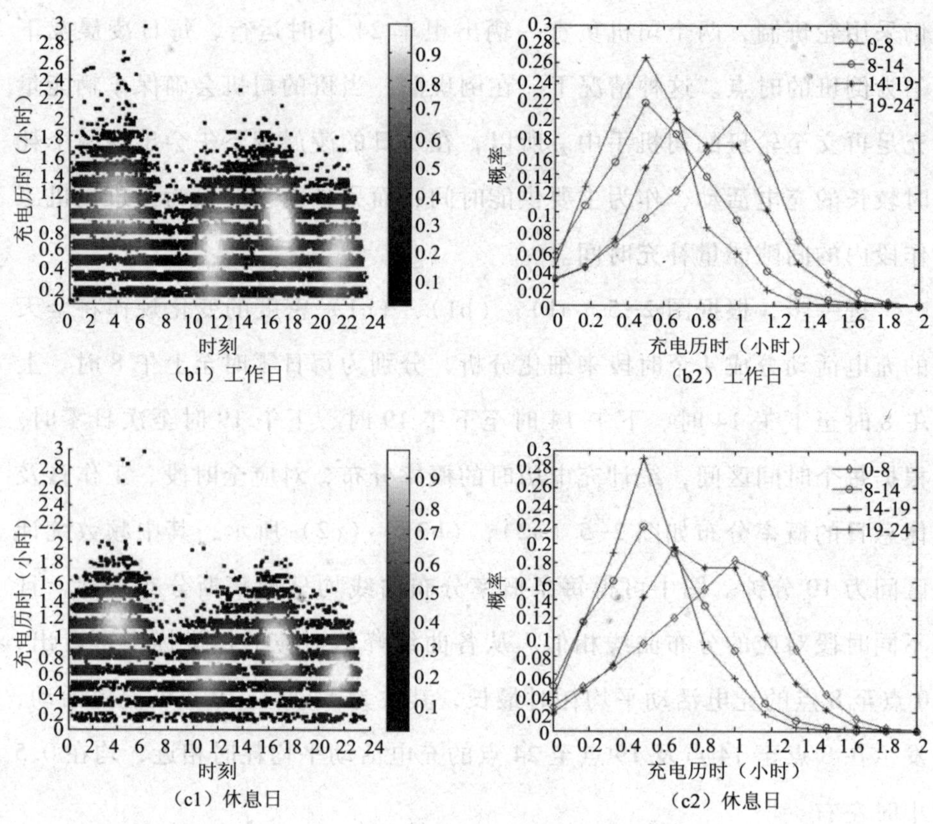

图 2-5　充电开始时间及对应充电历时间的关系

2.2.3.2　每日充电总历时与总里程相关关系

以每日充电总历时为横坐标，对应的每日行驶总里程为纵坐标，可绘制散点图 2-6，图中以颜色的由深到浅代表散点密度的由小到大。从图中可得，散点呈聚拢状分布。进一步，分别获得每日充电总历时及每日行驶总里程的期望值，可在图中绘制虚线标明。相较于工作日，在休息日时，电动出租车一天的充电活动总耗时更长，约为 3.12 小时；且行驶的总里程更长，约为 496 公里，比在工作日的总行驶里程长 10 公里。对于全时段，总的日充电时间为 3.043 小时，而总的日行驶里程为 487.7 公里，其位于工作日及休息日之间。

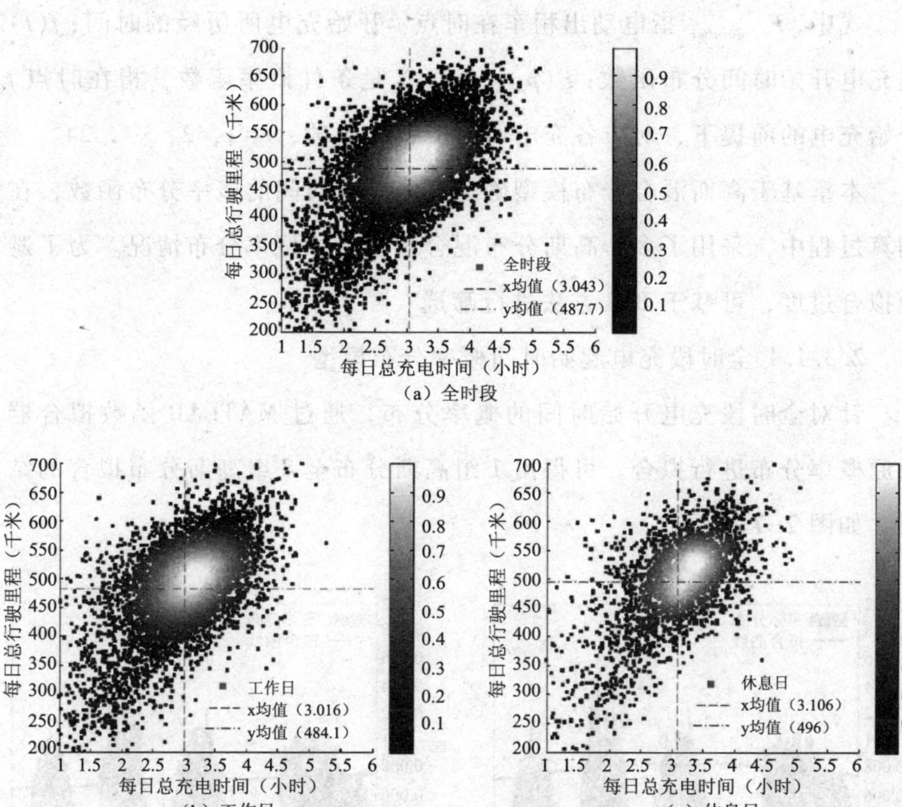

图 2-6 每日充电总历时与总里程的关系

2.3 电动汽车充电一般规律模型及校验

2.3.1 充电起始时间概率分布模型

基于充电行为分析结果，进一步归纳电动出租车充电行为的一般规律模型。此模型需解决两个核心问题，即什么时候开始充电、对应每次充电多长时间。由此，基于条件概率建立充电行为拟合模型如下：

$$F_{t,\ duration} = P(p_{duration} \mid p_t)f(t) \tag{2-4}$$

式中，$F_{t,\ duration}$ 指电动出租车在时点 t 开始充电所历经的时间；$f(t)$ 是充电开始时间分布函数；$P(p_{duration} \mid p_t)$ 是条件概率函数，指在时点 t 开始充电的前提下，对应各充电历时的概率函数，t=1，2，…，24。

本章基于高斯混合分布模型确定充电开始时间的概率分布函数，在测算过程中，采用了多个高斯分布混合来拟合原概率分布情况。为了避免拟合过度，可基于 BIC 方法进行筛选。

2.3.1.1 全时段充电起始时间概率分布模型

针对全时段充电开始时间的概率分布，通过 MATLAB 函数拟合器对原概率分布进行拟合。可得由 1 组高斯分布至 8 组高斯分布拟合的结果，如图 2-7 所示。

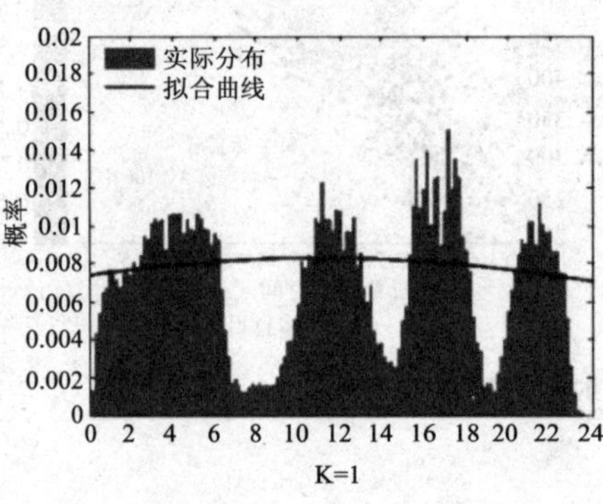

K=1

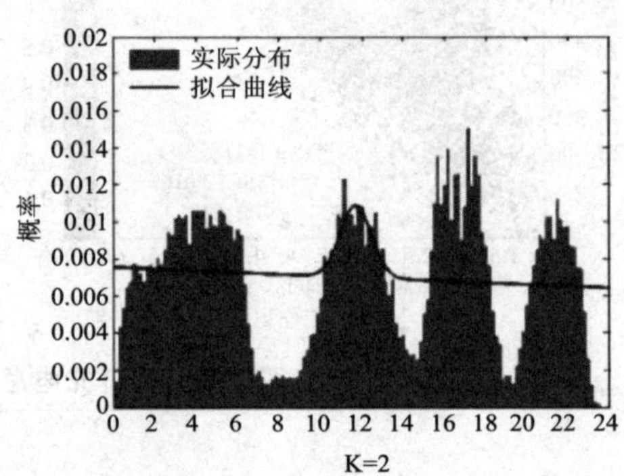

K=2

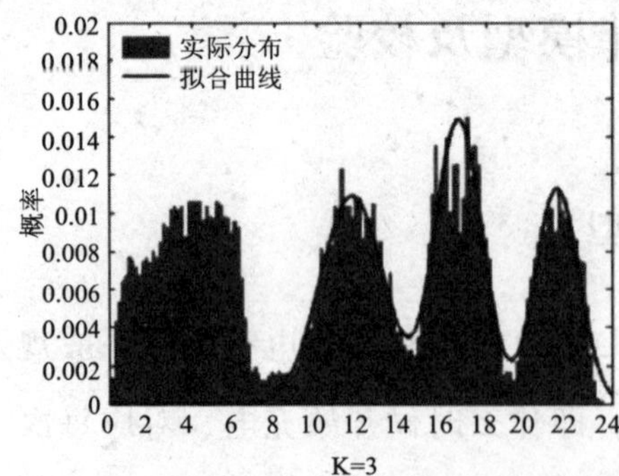

K=3

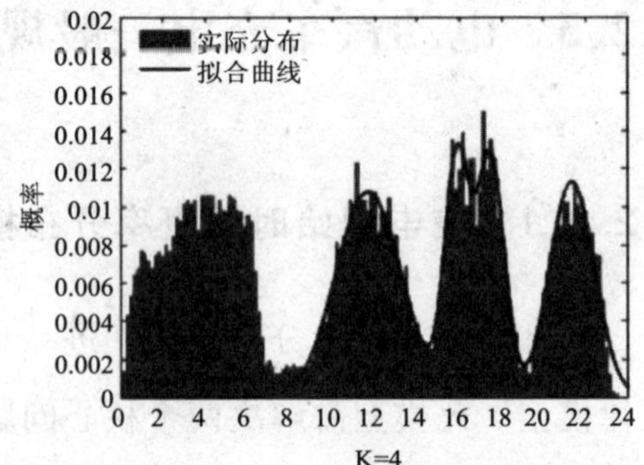

K=4

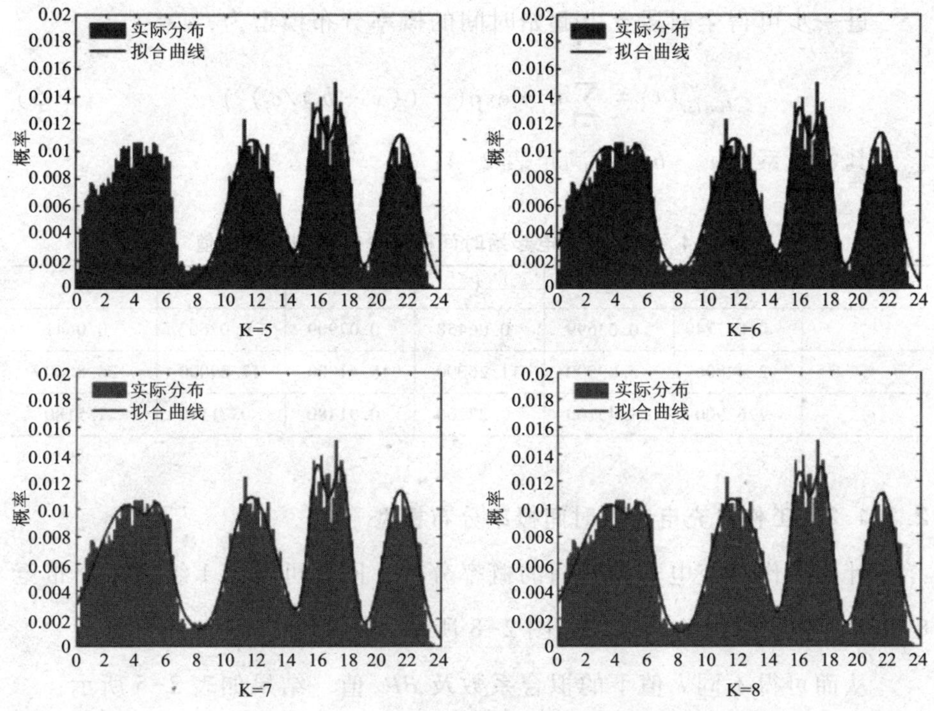

图 2-7 全时段充电开始时间概率分布拟合

进一步，选取统计学中常用的拟合系数对拟合效果进行评估，结果如表 2-3 所示。

由表 2-3 可知，随着 k 值上升，*R-square* 值持续上升直到 $k=8$ 时出现下降；*Adjusted R-square* 值在 $k=6$ 时达到最大，之后出现下降；*RMSE* 及 *BIC* 均在 $k=6$ 时出现最小值。综合可得，当采用 6 个高斯分布进行混合拟合时所能实现的拟合效果最优。

表 2-3 拟合系数结果

k	1	2	3	4	5	6	7	8
R-square	-0. 0346	-0. 0205	0. 6879	0. 9318	0. 9621	0. 9835	0. 9838	0. 9758
Adjusted R-square	-0. 1287	-0. 2891	0. 5318	0. 8741	0. 9091	0. 9434	0. 9031	0. 4184
RMSE	0. 0234	0. 0251	0. 0151	0. 0078	0. 0067	0. 0053	0. 0069	0. 0168
BIC	2. 6221	2. 4910	2. 4570	2. 4509	2. 4295	2. 3880	2. 3951	2. 3888

进一步可得全时段充电起始时间的概率分布模型为：

$$f_{allday}(t) = \sum_{j=1}^{6} a_j * \exp(-((x - b_j)/c_j)^2) \tag{2-5}$$

其中，系数 a_j、b_j、c_j 满足表 2-4：

表 2-4　全时段充电起始时间概率分布模型系数取值

j	1	2	3	4	5	6
a_j	0.05774	0.03699	0.06458	0.07909	0.07667	0.0641
b_j	2.44800	5.09500	11.26000	15.61000	17.29000	20.8800
c_j	2.62900	1.45100	2.27700	0.91480	0.71180	1.5180

2.3.1.2　工作日充电起始时间概率分布模型

针对工作日充电开始时间的概率分布，同理可得由 1 组高斯分布至 8 组高斯分布拟合的结果，如图 2-8 所示。

从而可得不同 k 值下的拟合系数及 *BIC* 值，结果如表 2-5 所示：

表 2-5　工作日情景下拟合系数结果

k	1	2	3	4	5	6	7	8
R-square	0.0129	0.3231	0.4582	0.8735	0.8806	0.9009	0.8916	0.8940
Adjusted R-square	-9.836 4e-04	0.2988	0.4263	0.8599	0.8646	0.8927	0.8741	0.8738
RMSE	0.0040	0.0033	0.0030	0.0015	0.0015	0.0013	0.0014	0.0014
BIC	5.4146	5.1325	5.0699	4.9482	5.0263	4.9453	4.9573	4.9606

由表 2-5 可得，针对工作日情境下的充电开始时间概率分布拟合，拟合系数 *R-square* 及 *Adjusted R-square* 值均在 $k=6$ 时达到最大，均方根误差 *RMSE* 在 $k=6$ 时达到最小，且贝叶斯信息准则 *BIC* 的值同样在 $k=6$ 时达到最小。由此可知，针对工作日情境下充电开始时间概率分布的拟合，取 6 组高斯混合分布模型进行拟合的效果最优。

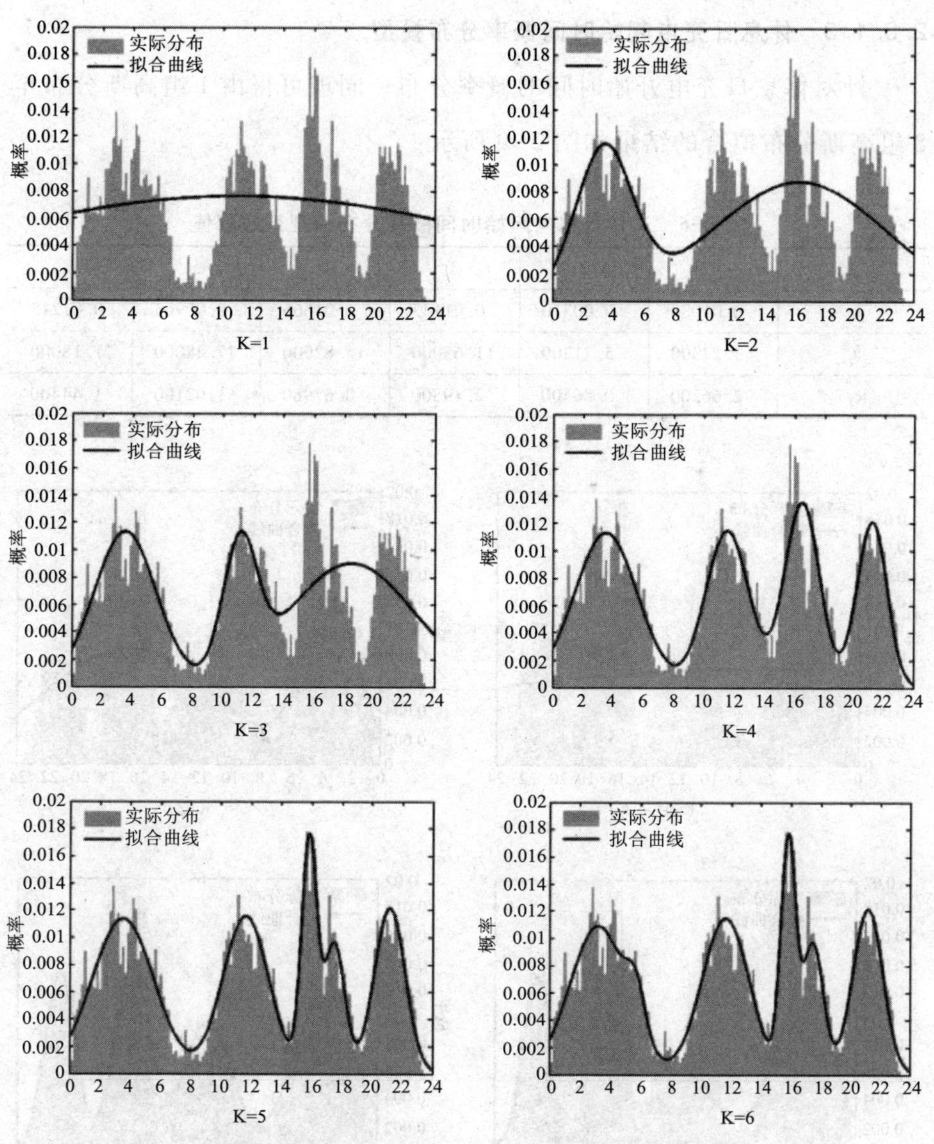

图 2-8 工作日充电开始时间概率分布拟合

从而可得工作日充电起始时间的概率分布模型为：

$$f_{weekday}(t) = \sum_{j=1}^{6} a_j * \exp(-((x - b_j)/c_j)^2) \tag{2-6}$$

其中，系数 a_j、b_j、c_j 满足表 2-6：

2.3.1.3 休息日充电起始时间概率分布模型

针对休息日充电开始时间的概率分布，同理可得由 1 组高斯分布至 8 组高斯分布拟合的结果如图 2-9 所示：

表 2-6 工作日充电起始时间概率分布模型系数取值

j	1	2	3	4	5	6
a_j	0. 01088	0. 00310	0. 01145	0. 01666	0. 00963	0. 01215
b_j	3. 22300	5. 71200	11. 65000	15. 82000	17. 48000	21. 18000
c_j	2. 66500	0. 86400	2. 19800	0. 67980	1. 02100	1. 44400

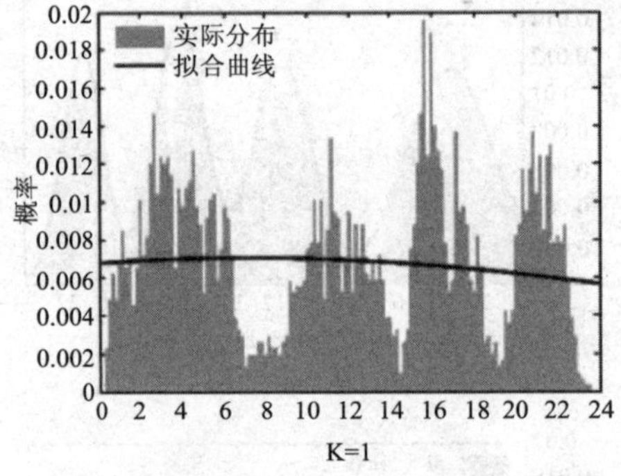

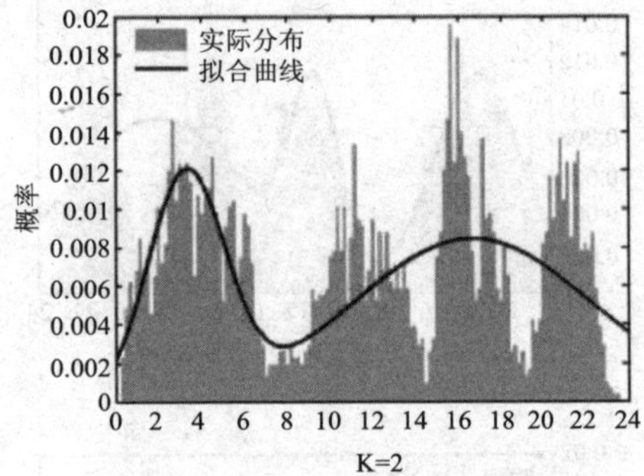

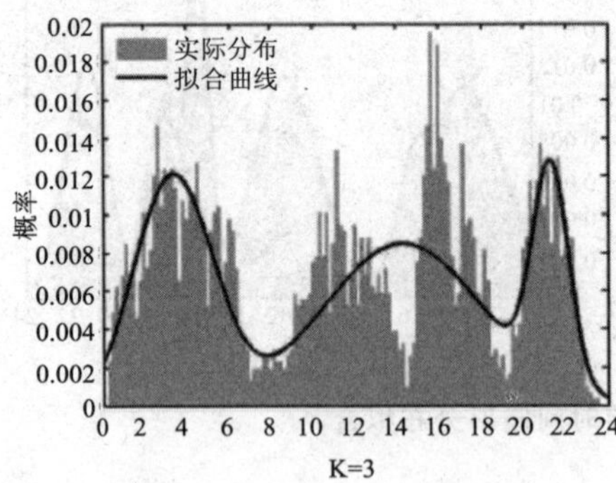

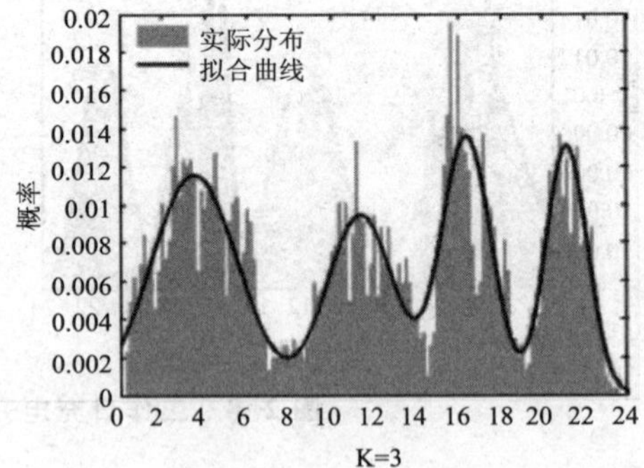

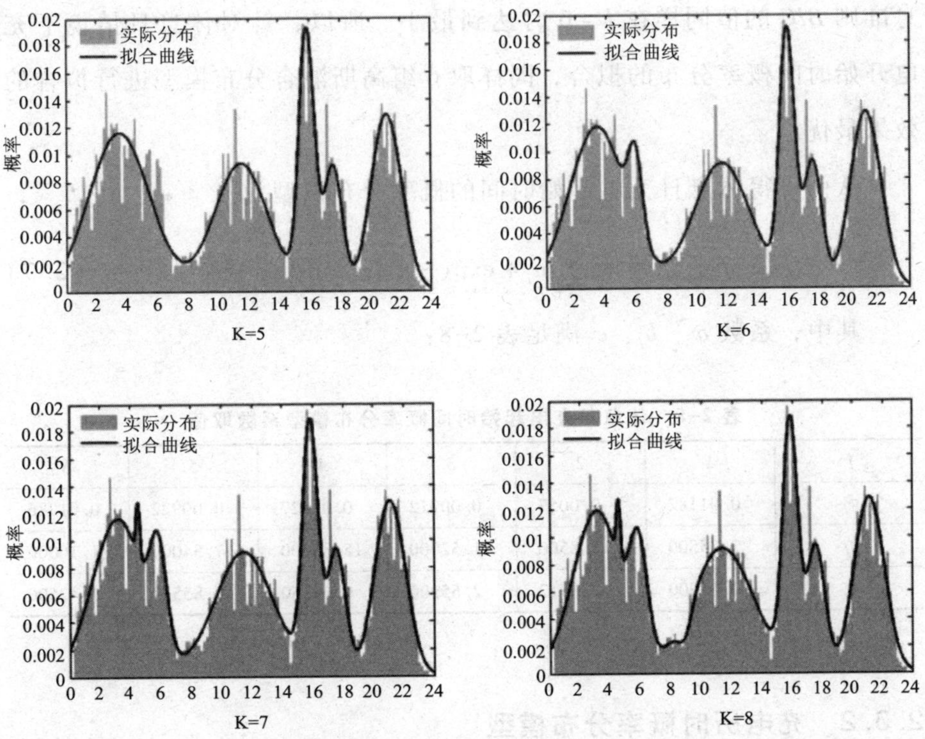

图 2-9 工作日充电开始时间概率分布拟合

进一步，可得不同 k 值下的拟合系数及 BIC 值，结果如表 2-7 所示：

表 2-7 休息日情景下拟合系数结果

k	1	2	3	4	5	6	7	8
R-square	0.0086	0.2824	0.4633	0.8633	0.8821	0.8864	0.8242	0.8267
Adjusted R-square	-0.0054	0.2566	0.4318	0.8520	0.8664	0.8741	0.7958	0.7938
RMSE	0.0041	0.0035	0.0031	0.0016	0.0015	0.0014	0.0018	0.0018
BIC	2.0463	1.9448	1.9282	1.9293	1.8823	1.8794	1.8831	1.8853

由表 2-7 可得，拟合系数 *R-square* 及 *Adjusted R-square* 值同样均在 $k=6$ 时达到最大，均方根误差 *RMSE* 在 $k=6$ 时达到最小，且贝叶斯信

息准则 BIC 的值同样在 $k=6$ 时达到最小。所以，针对休息日情境下充电开始时间概率分布的拟合，同样取 6 组高斯混合分布模型进行拟合的效果最优。

从而可得休息日充电起始时间的概率分布模型为：

$$f_{weekend}(t) = \sum_{j=1}^{6} a_j * \exp(-((x-b_j)/c_j)^2) \tag{2-7}$$

其中，系数 a_j、b_j、c_j 满足表 2-8：

表 2-8 休息日充电起始时间概率分布模型系数取值

j	1	2	3	4	5	6
a_j	0. 01182	0. 0057	0. 00912	0. 01827	0. 00922	0. 01286
b_j	3. 35500	5. 8500	11. 52000	15. 83000	17. 54000	21. 10000
c_j	2. 61900	0. 6312	2. 65200	0. 69550	0. 85530	1. 42500

2. 3. 2 充电历时概率分布模型

2. 3. 2. 1 全时段充电历时概率分布模型

在解决了什么时间开始充电的问题的基础上，要进一步解决每次充电充了多长时间。围绕充电行为拟合模型（式 2-4），进一步解决 $P(p_{duration} \mid p_t)$ 的函数表达式。设其概率分布函数表达式为：

$$P_{allday}(p_{duration} \mid p_t) = a_t * \exp(-((d-b_t)/c_t)^2) \tag{2-8}$$

式中，d 为充电历时时长；a_t、b_t、c_t 为 t 时点充电历时概率分布函数参数。

针对任意充电行为的开始时刻，通过收集的数据可通过统计方法获得对应的历时时间分布。为了获得各时间点充电历时的函数表达式，此处取t 为整点数值，然后对历时原始数据进行统计分析。如图 2-10 所示，以 $t=3$ 为例，针对全时段的充电行为数据，在所有充电历时数据中抽取每日 3 点至 4 点之间开始充电的数据作为实验样本，以 10 分钟作为组距进行概率统计。通过 MATLAB 函数拟合器可得出 3 点至 4 点间对应的充电历时概率分布函数图。由图可得，其充电历时分布呈高斯分布。

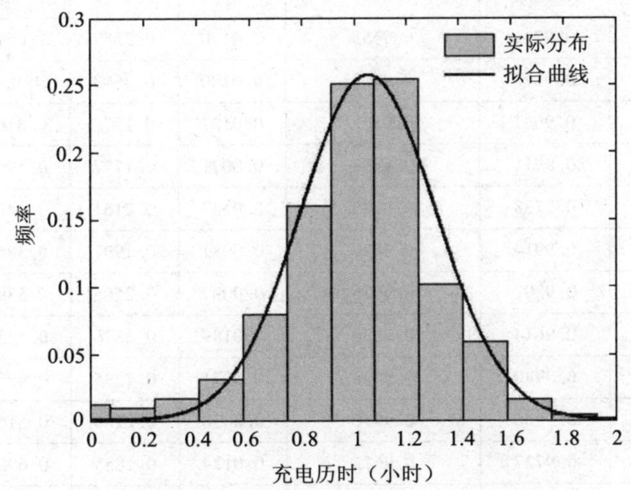

图 2-10　t=3 时充电历时概率分布

进一步获得在 $t=3$ 时刻的充电历时概率分布拟合曲线的拟合系数值。

表 2-9　全时段 $t=3$ 时刻充电历时概率分布拟合系数值

拟合系数	*R-square*	*Adjusted R-square*	*RMSE*
取值	0.9711	0.9653	0.0170

由表 2-9 可得，拟合系数值符合要求，所以，可得全时段情境下 $t=3$时的充电历时概率分布拟合参数为表 2-10，此参数仅对 d 为 10 的整数倍时有效。

表 2-10　全时段 $t=3$ 时刻充电历时概率分布参数

参数	a_3	b_3	c_3
取值	0.2587	1.0590	0.3613

表 2-11　全时段下充电历时概率分布模型参数

拟合系数及参数	*R - square*	*Adjusted R - square*	*RMSE*	a_t	b_t	c_t
0	0.9795	0.9754	0.0115	0.1924	0.7526	0.5029
1	0.9645	0.9573	0.0132	0.1561	0.7608	0.5650
2	0.9446	0.9335	0.0184	0.2104	1.0020	0.4059
3	0.9711	0.9653	0.0170	0.2587	1.0590	0.3613
4	0.9875	0.9850	0.0100	0.2303	1.026	0.3881
5	0.9631	0.9557	0.0127	0.1578	0.8465	0.5865
6	0.9911	0.9893	0.0071	0.1777	0.5999	0.5407
7	0.9738	0.9685	0.0147	0.2161	0.3401	0.4791
8	0.9914	0.9897	0.0081	0.1997	0.3866	0.5049
9	0.9897	0.9876	0.0097	0.2505	0.5392	0.4079
10	0.9614	0.9536	0.0189	0.2376	0.4457	0.3775
11	0.9940	0.9928	0.0071	0.2235	0.4953	0.4324
12	0.9980	0.9976	0.0038	0.2108	0.6164	0.4684
13	0.9727	0.9672	0.0124	0.1855	0.6998	0.5088
14	0.7025	0.6430	0.0328	0.1252	0.5929	0.8153
15	0.9925	0.9910	0.0069	0.1917	0.8993	0.4670
16	0.9867	0.9840	0.0103	0.2168	0.8338	0.4148
17	0.9796	0.9755	0.0128	0.2402	0.7116	0.4262
18	0.9919	0.9903	0.0088	0.2574	0.6039	0.3843
19	0.9792	0.9751	0.0115	0.1882	0.4549	0.5751
20	0.9925	0.9910	0.0089	0.2563	0.4125	0.4003
21	0.9961	0.9953	0.0066	0.2643	0.4962	0.3400
22	0.9899	0.9879	0.0122	0.3477	0.5419	0.2395
23	0.9937	0.9925	0.0102	0.2990	0.3770	0.3045

综上，可得全时段情境下 t=3 时充电拟合模型构建结果。对于在 3 点至 4 点段充电的电动出租车，其充电行为拟合模型为：

$$F_{t=3,\ duration} = P(p_{duration} \mid p_{t=3}) f_{\text{allday}}(t=3) \tag{2-9}$$

$$F_{t=3,\ duration} = a_3 * \exp(-((d-b_3)/c_3)^2) \sum_{j=1}^{6} a_j * \exp(-((x-b_j)/c_j)^2) \qquad (2-10)$$

类似地，可得 t 为 0 点至 23 点时对应的充电历时概率分布参数及拟合系数，结果如表 2-11 所示。

2.3.2.2 工作日充电历时概率分布模型

同理，构建工作日充电历时概率分布模型表达式为：

$$P_{weekday}(p_{duration} \mid p_t) = a_t * \exp(-((d-b_t)/c_t)^2) \qquad (2-11)$$

通过 MATLAB 测算可得对应的参数值满足表 2-12。

表 2-12 工作日充电历时概率分布模型参数

拟合系数及参数	*R - square*	*Adjusted R - square*	*RMSE*	a_t	b_t	c_t
0	0.9547	0.9456	0.0317	0.2832	0.08902	0.3737
1	0.9917	0.9901	0.0080	0.2271	0.6067	0.4362
2	0.9231	0.9077	0.0214	0.1753	0.8006	0.5149
3	0.9832	0.9798	0.0125	0.2508	0.9615	0.3583
4	0.9866	0.9840	0.0114	0.2622	1.0280	0.3544
5	0.9377	0.9252	0.0209	0.2254	1.0120	0.3697
6	0.9787	0.9744	0.0093	0.1731	0.8216	0.5900
7	0.9842	0.9810	0.0074	0.1581	0.8552	0.5802
8	0.9668	0.9601	0.0155	0.2115	0.3555	0.4423
9	0.9877	0.9853	0.0104	0.2209	0.3385	0.4230
10	0.9917	0.9900	0.0090	0.2165	0.4136	0.437
11	0.9912	0.9894	0.0092	0.2559	0.4302	0.3743
12	0.9965	0.9959	0.0055	0.2310	0.5650	0.4130
13	0.9936	0.9923	0.0075	0.2320	0.6608	0.40970
14	0.8790	0.8548	0.0265	0.1877	0.7977	0.5214
15	0.8592	0.8310	0.0203	0.1242	0.7233	0.7462
16	0.9796	0.9755	0.0119	0.1971	0.8224	0.4607
17	0.9783	0.9739	0.0117	0.2015	0.8114	0.4780
18	0.9832	0.9799	0.0115	0.2471	0.7478	0.4004

续表

拟合系数及参数	$R-square$	$Adjusted\ R-square$	$RMSE$	a_t	b_t	c_t
19	0.9133	0.8959	0.0236	0.1982	0.7397	0.4834
20	0.9705	0.9646	0.0180	0.2317	0.2883	0.4421
21	0.9923	0.9908	0.0096	0.2704	0.4303	0.3339
22	0.9931	0.9917	0.0094	0.2924	0.5381	0.3016
23	0.9834	0.9801	0.0148	0.3275	0.5791	0.2541

2.3.2.3 休息日充电历时概率分布模型

同理，构建休息日充电历时概率分布模型表达式为：

$$P_{weekend}(p_{duration} \mid p_t) = a_t * \exp(-((d-b_t)/c_t)^2) \qquad (2\text{-}12)$$

通过 MATLAB 测算可得对应的参数值满足表 2-13。

2.3.3 充电行为拟合模型校验

上文所得的充电行为拟合模型是否能真实地反映实际情况、从而获得充电一般规律模型还需进一步确定，本章采用蒙特卡洛方法对所得充电行为拟合模型进行验证。由于 $P(p_{duration} \mid p_t)$ 随着 t 的变动而变动，且其概率分布满足一般高斯分布、拟合效果直观，故对充电行为拟合模型验证的重点在于充电开始时间概率分布模型。

表 2-13 工作日充电历时概率分布模型参数

拟合系数及参数	$R-square$	$Adjusted\ R-square$	$RMSE$	a_t	b_t	c_t
0	0.9836	0.9803	0.0182	0.3104	0.1685	0.3361
1	0.9672	0.9606	0.0149	0.1934	0.568	0.5180
2	0.9199	0.9039	0.0214	0.1685	0.7487	0.5368
3	0.9836	0.9803	0.0105	0.2268	0.2268	0.4129
4	0.9781	0.9737	0.0154	0.2203	1.0310	0.3946
5	0.9684	0.9621	0.0154	0.2173	1.0490	0.3995
6	0.9672	0.9606	0.0108	0.1655	0.8263	0.6039

续表

拟合系数及参数	$R-square$	$Adjusted\ R-square$	$RMSE$	a_t	b_t	c_t
7	0.9570	0.9484	0.0135	0.1677	0.8348	0.5520
8	0.9380	0.9256	0.0249	0.2789	0.3629	0.3276
9	0.9616	0.9540	0.0217	0.2433	0.3864	0.3077
10	0.9975	0.9970	0.0049	0.2364	0.4254	0.4100
11	0.9845	0.9814	0.0127	0.2717	0.4502	0.348
12	0.9749	0.9699	0.0154	0.2316	0.5528	0.4022
13	0.9921	0.9905	0.0080	0.2226	0.6507	0.4139
14	0.9710	0.9652	0.0138	0.2142	0.8430	0.4035
15	0.8742	0.8490	0.0225	0.1657	0.7416	0.6184
16	0.9876	0.9851	0.0096	0.1918	0.8083	0.4563
17	0.9901	0.9881	0.0081	0.1906	0.8372	0.4802
18	0.9722	0.9667	0.0141	0.1985	0.7303	0.4663
19	0.9574	0.9488	0.0164	0.1706	0.737	0.5434
20	0.9590	0.9508	0.0192	0.2320	0.2562	0.5723
21	0.9840	0.9808	0.0138	0.2818	0.4401	0.3350
22	0.9779	0.9734	0.0178	0.2401	0.5554	0.3264
23	0.9812	0.9774	0.0165	0.3131	0.5346	0.3030

蒙特卡洛模拟方法是一种基于概率统计的理论，用以分析各种随机、不确定问题的科学方法。它的运用前提是假设随机变量的概率分布函数是已知的，再通过随机抽样的方式产生多个随机输入变量，之后对每个数值进行模拟，进一步得到对应的输出，通过对输出变量的观测及校验来确定原拟合概率分布函数是否满足要求。利用蒙特卡洛方法验证充电起始时间概率分布模型的步骤如下：

步骤一：确定充电起始时间概率分布函数，即 $f(t)$；

步骤二：根据充电起始时间概率分布函数不断生成随机数；

步骤三：达到停止条件时退出。常用的停止条件包括两种：一是设定最多生成随机数 N 个，当产生的随机数达到 N 个时即退出；二是检测实验样本与原始样本的误差，当误差小到某个范围时退出。

本节基于蒙特卡洛方法，以充电起始时间概率分布函数 $f(t)$ 为基准生成随机数，并设定停止条件为产生随机点 100000 个时停止，则可得随机点形成的概率分布与实际充电开始时间概率分布的对比如图 2-11 所示。图中，柱形代表实际充电开始时间概率分布，实线代表基于蒙特卡洛方法产生的随机点连线。由图 2-11（a），2-11（b），2-11（c）可得，检验结果与实际数据有较好的匹配性。

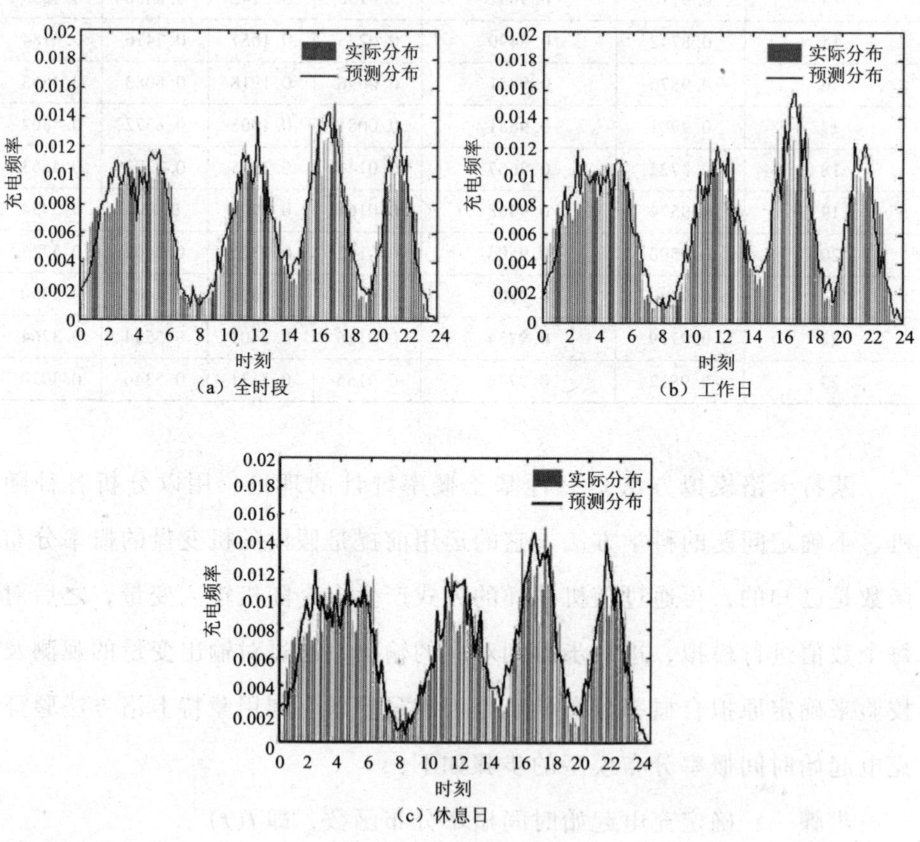

（a）全时段
（b）工作日
（c）休息日

图 2-11　检验结果对比

通过上述分析可得，建立的充电行为拟合模型能够通过验证，可以作为充电行为一般规律模型。

2.4 本章小结

充电行为规律作为研究电动汽车充电效益的基础性研究意义重大。电动出租车受其行驶状态及充电时间的限制，充电行为更加复杂。同时，由于受其充电需求大、车辆数量发展潜力大等因素的影响，其节能减排效益及对电力系统的影响也需深入探讨。鉴于此，本章以总结电动汽车充电一般规律为目标，基于某市实际电动出租车的充电数据展开研究，研究过程及结论如下：

（1）群体充电行为在不同时段下体现出差异性

从群体视角对充电行为展开分析，并考虑在一周内不同时段运行状态的差异性，可将分析结果细分为不同时段进行展示，包括工作日、休息日及全时段。结果表明，电动出租车普遍每日充电 4 次，分别在凌晨 4 点、上午 11 点、下午 16 点及夜间 21 点开始充电的概率最高。在凌晨及下午发生的充电活动耗时较上午及夜间发生的充电活动耗时长。对比工作日，休息日情况下每日发生的充电次数更多，充电历时更长且行驶里程更长。

（2）构建了电动出租车充电起始时间概率分布模型及充电历时概率分布模型

基于高斯混合分布模型对全时段、工作日及休息日三种情境下的电动出租车每次充电开始时间的概率分布进行了拟合，通过拟合系数及贝叶斯信息准则多重筛选出最优的拟合模型，并获得模型参数值；此外对各时点充电活动的充电历时概率分布进行了拟合，同样获得了多个时段的拟合模型及模型参数值，这对相关研究来说具有一定的参考作用。

（3）构建了电动出租车充电行为一般规律模型并通过验证

通过构建充电起始时间概率分布模型及充电历时概率分布模型，解决了电动出租车何时开始充电及充多久电的问题。基于条件概率方法形成充电行为拟合模型，并采用蒙特卡洛模拟法对该模型进行验证。结果表明，该模型产生的测试数据与实际数据具有良好的匹配性，经校验有效，将作为后文研究的基础模型。

第 3 章 电动汽车充电需求及效益分析模型①

我国目前已出台多项政策来推动电动汽车的发展，尤其是在公共交通领域。不同地区电动汽车使用者的充电行为具有趋同性，即不同地区人们充电时间的分布特性趋于一致，尤其是公共交通，例如出租车。然而由于不同地区的经济水平、人口规模、能源结构存在着差异，相同的电动汽车充电行为在不同地区对电网产生的影响会体现差异性，对此的具体分析在之前的研究中少有涉及。电动汽车发挥的综合效益包括多个方面，例如对电网的影响、能实现的碳减排效益等。电动汽车接入电网的时间及充电需求会对电网的稳定运行产生影响（高赐威，2011；胡泽春，2012；和敬涵，2015）。电动汽车所需的充电站（桩）属于非线性装置，会对供电系统产生谐波污染，并且导致功率因素下降，对供电系统的电能质量造成不利影响（Taylor，2010）。

同时，电动汽车的碳减排效应受供能端碳排放的影响，即使与燃油车相比，在交通端的电动汽车能显著减少碳排放，但由于我国发电结构中将近 70%由煤炭主导，电动汽车在我国的发展实际是以集中排放替代分散排放。在分析电动汽车碳减排效应的研究中，施晓清（2013）考虑了发电能源结构、车用燃料类型、汽车类型、交通状况、电池类型

① 本章部分内容发表于《中国电力》。张兴平，饶娆，冯一帆．电动出租车充电行为分析及综合效益跨区域对比［J］．中国电力，2016，49（2）：141-147.

等因素并分析了电动汽车的减排效力；施泉生（2014）考虑电动汽车的接入对可再生能源的影响，从而确定碳排放减少量；郭胜（2014）、谭忠富（2013）同时考虑发电端发电机组的碳排放水平及交通端燃油车的碳排放量，突出电动汽车的优势；孔维政（2012）基于全寿命周期理论，考虑电动汽车从制造到完成及煤从开采到发电的整个过程中的碳排放参数，从而全面测算电动汽车的碳排放量。以上研究较全面地涵盖了电动汽车碳排放量的研究视角。然而，这些研究均未对电动汽车的实际充电行为及充电需求进行分析，多是以特定车型为例或依据某地区电动汽车规划数据进行碳减排量测算的，因而无法考察现阶段电动汽车在碳减排问题上的真实情况。此外，以往的研究往往集中在一个地区，忽视了趋同的行车习惯可能造成的跨区域差异性影响。

基于此，本章着眼于对实际充电活动所造成的综合效益进行深入探究，包括对电网运行的影响及所能实际形成的节能减排效应。此外，还采用多个地区进行同步测算，聚焦趋同的电动汽车充电行为所造成的地区差异性综合效益。首先，以前文归纳的电动汽车充电行为一般规律模型为基础确定充电负荷需求；其次，从电网端及交通端分别围绕运行稳定性及碳减排效益选取代表性指标构建效益分析模型；最后，采用多个地区的电源参数、汽车保有量数据及负荷数据，同步测算统一充电行为下电动汽车的综合效益。通过实例计算验证电动汽车发展需要因地制宜的观点。

3.1 电动汽车充电需求分析模型

第二章中针对实际电动出租车的充电行为进行了深入分析，并通过实际数据获得了电动出租车充电行为的一般规律模型，以此可进一步测算电动出租车充电产生的实际充电负荷。由前文可得，电动出租车通常每日充电 4 次，每日总充电时间为 3 小时左右，且充电开始时间的概率分布符合图 3-1，各时点充电开始时间的频率期望值如表 3-1 所示。进一步，为确定从不同时点开始充电的电动出租车通常充电多长时间而对各小时的充电历时进行深入剖析，如图 3-2 所示。由图可得，每小时充电历时的概率分布呈高斯分布，其对应的期望值如表 3-2 所示。由图可得，每日发生在凌晨及下午的充电活动耗时较发生于上午及夜间的长，与前文分析相符。

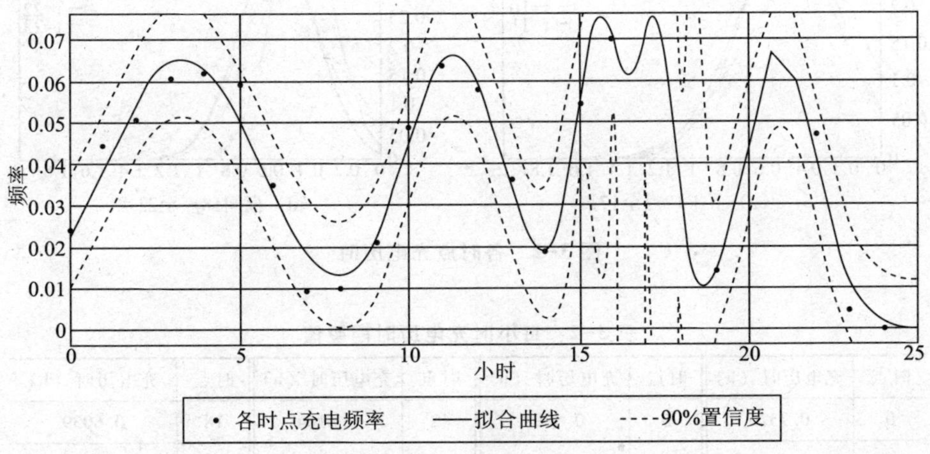

图 3-1　各时点充电频率分布图

表 3-1　普遍情况下电动汽车每日各时点充电频率

时点	充电频率	时点	充电频率	时点	充电频率
0	0.0226	8	0.0130	16	0.0700
1	0.0389	9	0.0218	17	0.0734
2	0.0552	10	0.0451	18	0.0299
3	0.0647	11	0.0650	19	0.0139
4	0.0625	12	0.0593	20	0.0445
5	0.0499	13	0.0340	21	0.0644
6	0.0329	14	0.0189	22	0.0410
7	0.0187	15	0.0547	23	0.0114

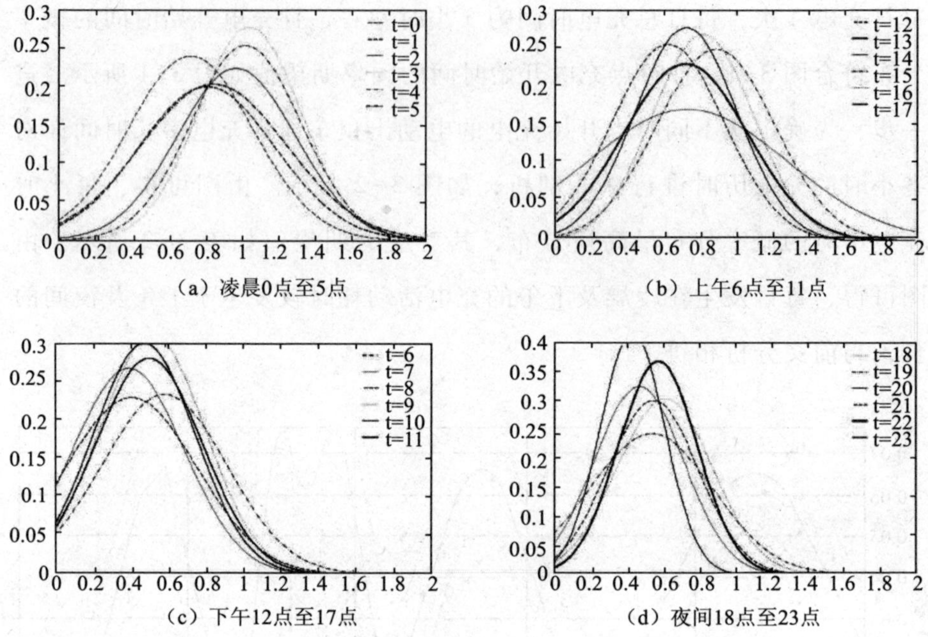

(a) 凌晨0点至5点　(b) 上午6点至11点
(c) 下午12点至17点　(d) 夜间18点至23点

图 3-2　各时点充电历时

表 3-2　每小时充电历时期望值

时点	充电历时（h）	时点	充电历时（h）	时点	充电历时（h）	时点	充电历时（h）
0	0.7526	6	0.5999	12	0.6164	18	0.6039
1	0.7608	7	0.3401	13	0.6998	19	0.4549
2	1.002	8	0.3866	14	0.5929	20	0.4125
3	1.059	9	0.5392	15	0.8993	21	0.4962
4	1.026	10	0.4457	16	0.8338	22	0.5419
5	0.8465	11	0.4953	17	0.7116	23	0.377

结合电动出租车电池参数及充电行为的一般规律模型，可得每小时的充电需求模型为

$$P_t^{c,\ practical} = N^c Q_{EV} f(t) E_t^c P_{EV} / \rho_{\text{charge}} \tag{3-1}$$

式中，$P_t^{c,\ practical}$ 为 t 时刻所有充电的电动出租车产生的实际充电负荷；N^c 为通常电动出租车一日充电次数；Q_{EV} 为电动出租车数量；E_t^c 为 t

时刻电动出租车充电历时期望值；P_{EV} 为电动出租车充电额定功率；ρ_{charge} 为电动汽车的充电能效。

3.2 电动汽车充电效益分析模型

3.2.1 电网运行效益分析模型

电动汽车接入电网对电网的影响主要体现在对负荷峰谷差及负荷率的影响方面。本节分别以平抑负荷波动及负荷率变化率分析电动出租车充电对电网的影响。分析模型如下：

(1) 平抑负荷波动

$$F_1 = \frac{1}{T}\sum_{t=1}^{24}\left(L(t) + q_t^{charge} - P_{av}\right)^2 \tag{3-2}$$

$$P_{av} = \sum_{t=1}^{24} L(t)/24 \tag{3-3}$$

式中，$L(t)$ 指未考虑充电负荷时的电网在 t 时刻的原有负荷值；P_{av} 表示调度周期内电网原有的平均负荷。

(2) 负荷率

$$F_2 = P'_{av}/\max(L(t)') \tag{3-4}$$

$$L(t)' = L(t) + q_t^{charge} \tag{3-5}$$

式中，$L(t)'$ 为 t 时刻考虑充电负荷的总负荷；P'_{av} 为 $L(t)'$ 的均值。

3.2.2 碳减排效益分析模型

相较于燃油车，电动汽车在行驶过程中不产生温室气体。然而电动汽车的减排作用并非仅由其运行过程决定，还与其接入电网的时点及所充电量的供能方式有关。由于我国是以燃煤为主的电源结构，可再生能源占比较少，且调峰任务大多由火电机组承担，所以往往电动汽车所充的电量由燃煤机组产生，则在交通端所减少的碳排放转移到了发电端，因而，要分析电动汽车的碳减排效应，需将交通端及发电端综合起来考虑。本节在分析过程中，聚焦在汽车供能及运行时对区域产生的碳排放差异，故未考虑燃煤开采运输及炼油过程中产生的碳排放。由此需确定的参数如下：

（1）供能量确定

针对电动汽车，由于其供能方式为电能，故为满足其需求供能端的发电量由式（3-6）确定。

$$Q_{electricity} = \sum_{t=1}^{24} \frac{q_t^{charge}}{(1-\alpha)(1-\beta)} \tag{3-6}$$

式中，$Q_{electricity}$ 为每日为满足电动汽车需求增加的总发电量；α 为输电线损率；β 为发电厂用电率。

针对燃油汽车。其供能量基于每日行驶里程及单位里程的耗油量确定，即

$$Q_{oil} = q_{oil} M_{mileage} \tag{3-7}$$

式中，Q_{oil} 为每日燃油出租车耗油量；q_{oil} 为单位里程燃油车耗油量；$M_{mileage}$ 为每日燃油出租车行驶里程。

（2）发电端碳排放计算模型

在供电能源结构中，太阳能、风能、水电、核电等能源较为清洁，故这些能源的 CO_2 排放值可忽略，本节以煤电及气电为电动汽车供能的主要碳排放源；结合各种能源的碳排放系数，可得电动汽车及燃油车的碳排放计算公式为：

$$E_{electricity} = \sum_{i=1}^{k} w_i Q_{electricity} \lambda_i \tag{3-8}$$

$$E_{oil} = Q_{oil} \lambda_{oil} \tag{3-9}$$

式中，$E_{electricity}$ 及 E_{oil} 分别为电动汽车及燃油车的碳排放量；w_i 为第 i 种能源所占的电源比例，$i=1$，…，k；λ_i 及 λ_{oil} 分别为第 i 种能源及汽油的碳排放系数。

3.3 电动汽车充电效益实例分析

3.3.1 基础数据

本研究选取南方五省，以广东省、广西省、贵州省、云南省及海南省为代表，对比分析电动汽车对这些省份电网运行及碳排放的差异化影响。基于南方电网报告（2014），可得各省电源结构如图 3-3 所示：

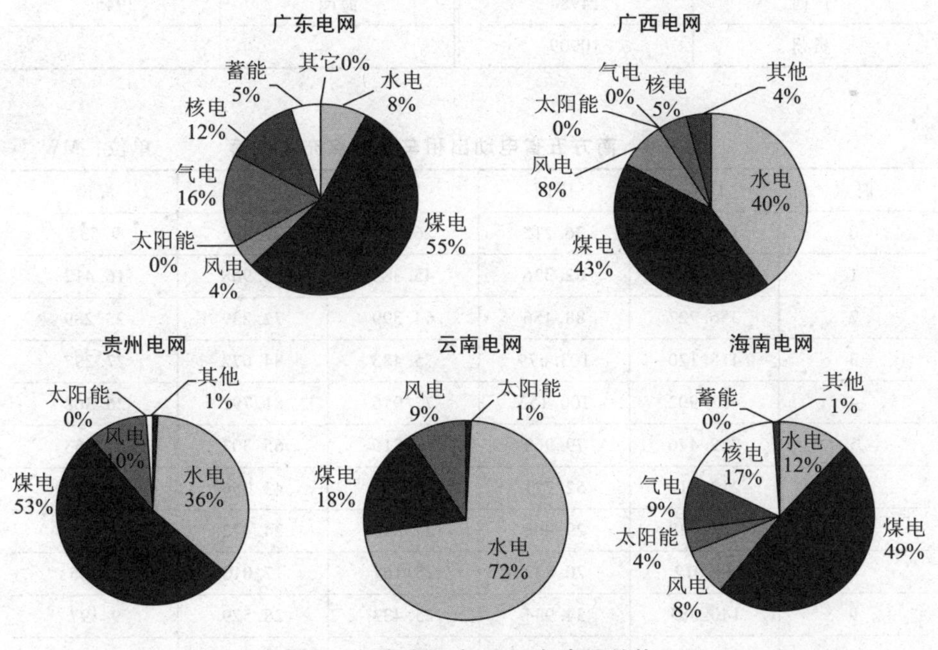

图 3-3 南方五省 2015 年电源结构

从图 3-3 可得，五省的电源结构中均包含煤电、水电、风电及太阳能。广东电网、广西电网及海南电网还包含核电及气电。除了云南电网是以水电为主导的电源结构外，其他四省的电源结构均以煤电为主。其中，广东电网、贵州电网的煤电占比超过50%，广西电网及海南电网煤电占比超过40%。

基于我国2013年城市统计年鉴（2014），南方五省的出租车数量如表3-3所示。为了剖析电动汽车在碳排放及对电网影响方面产生的规模效应，本研究首先设五省的出租车均为电动汽车，使之与均为燃油车的情况对比以突出其规模效应，后文还将结合各省的发展实际，对不同数目的电动出租车影响作敏感性分析。

表3-3　南方五省出租车数量

省份	出租车数量（辆）	省份	出租车数量（辆）
广东	60428	云南	12237
广西	14984	海南	3945
贵州	10909		

表3-4　南方五省电动出租车各时点充电负荷　　　　单位：MW

时点	广东	广西	贵州	云南	海南
0	146.051	36.215	26.366	29.576	9.535
1	251.389	62.336	45.383	50.908	16.412
2	356.727	88.456	64.399	72.239	23.289
3	418.120	103.679	75.483	84.672	27.297
4	403.902	100.153	72.916	81.792	26.368
5	322.476	79.963	58.216	65.303	21.053
6	212.614	52.721	38.383	43.056	13.880
7	120.848	29.966	21.816	24.472	7.889
8	84.012	20.832	15.167	17.013	5.485
9	140.881	34.934	25.433	28.529	9.197
10	291.456	72.271	52.616	59.021	19.028
11	420.059	104.160	75.833	85.064	27.423
12	383.223	95.026	69.183	77.605	25.018

续表

时点	广东	广西	贵州	云南	海南
13	219.723	54.483	39.666	44.495	14.344
14	122.140	30.286	22.050	24.734	7.974
15	353.495	87.654	63.816	71.585	23.078
16	452.371	112.172	81.666	91.608	29.533
17	474.343	117.620	85.633	96.057	30.967
18	193.227	47.913	34.883	39.130	12.615
19	89.828	22.274	16.217	18.191	5.864
20	287.579	71.309	51.916	58.236	18.774
21	416.181	103.198	75.133	84.279	27.170
22	264.960	65.701	47.833	53.656	17.298
23	73.672	18.268	13.300	14.919	4.810

基于第 2 章的分析可得，电动出租车平均每天充电 4 次，每日总充电小时数为 3 小时，参照比亚迪电动出租车的车辆特点，每次充电 2 小时能充满，每辆车电池总电量为 55kW · h，则 1 小时充电电量为 27.5kW · h，电动汽车充电能效为 90%（金永花，2012）。由此，可得基于南方五省实际出租车总数产生的各时点充电负荷，如表 3-4 所示。

3.3.2 电网运行效益分析结果

3.3.3.1 规模发展情景

南方五省典型日的日负荷数据如图 3-4 所示。基于式（3-1），可得出考虑电动出租车的充电负荷前后南方五省负荷波动值的变动情况，本章分别计算电动出租车接入电网前后各时点的负荷波动值，进一步计算负荷波动的前后变化率，结果如图 3-5 所示；进一步，基于式（3-3）可得电动出租车接入电网前后南方五省负荷率的变化，结果如图 3-6 所示。

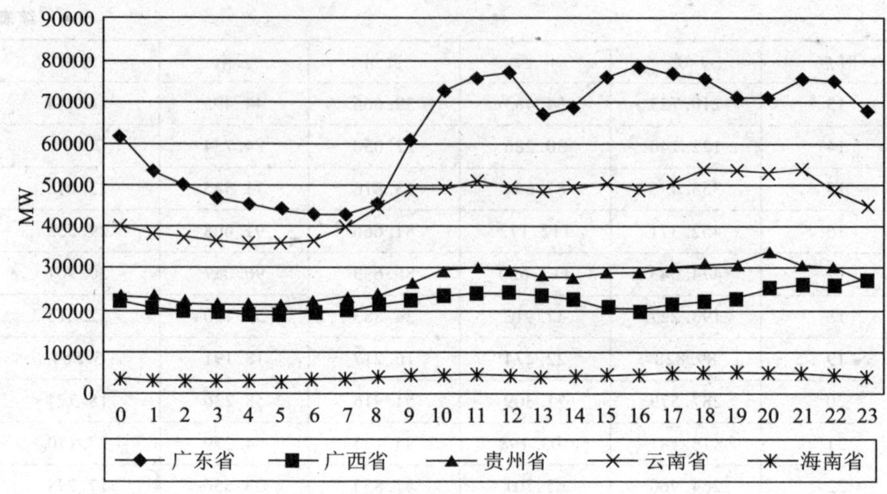

图 3-4 南方五省典型日负荷

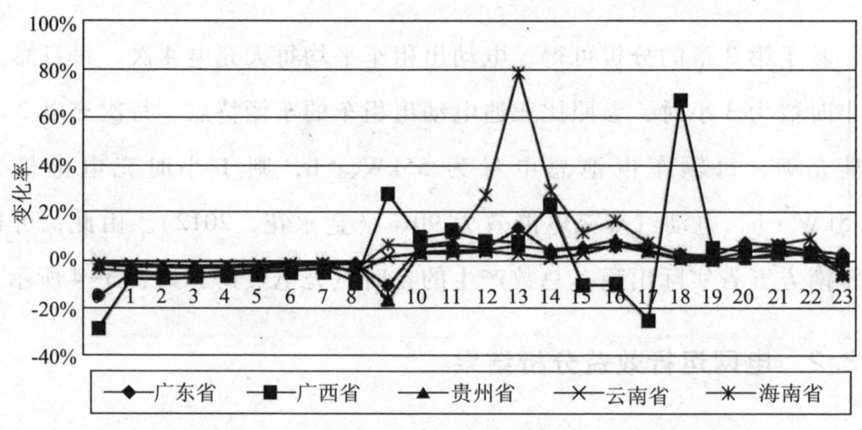

图 3-5 电动汽车接入前后负荷波动变化情况

由图 3-5 可知，在每日夜间 23 点至次日上午 8 点之间，南方五省的电网负荷波动变化率为负，即电动汽车接入后，缓和了此时段电网负荷的波动；相反，每日 9 点至夜间 22 点，大部分省份的负荷波动变化率为正，即电动汽车接入电网后，加大了此时段电网负荷的波动，其中，只有广西省在每日下午 15 点至 17 点负荷波动变化率为负。基于图 3-4 可得，每日的居民用电在每日凌晨至上午 8 时处于用电低谷期，但由于出租车是夜间运行的特点，依然会产生充电行为，所以电动出租车的规模接入电网辅助填补了居民用电的低谷段；相反，每日的 9 时至 23 时，居民用电负荷相对维持在高水平，此情况下，电动汽车的规模入网将加大负荷的波动，会增加电网运行的压力。

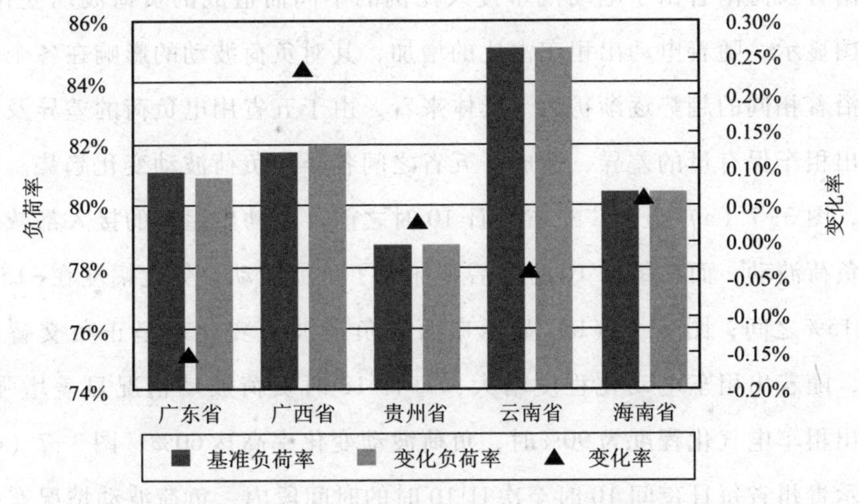

图 3-6 电动汽车接入前后负荷率变化情况

注：基准负荷率即未考虑电动汽车接入前的原电网负荷率；变化负荷率为考虑电动汽车接入后的电网负荷率。

由图 3-6 可知，广东电网、广西电网、云南电网及海南电网的负荷率水平均超过 80%，其中以云南省达到的电网负荷率水平最高，相反贵州电网的负荷率水平相对偏低。当电动出租车规模接入电网后，广西省、贵州省及海南省的负荷率略有升高，即电动汽车的接入使该区域电网的负荷更为平均，缓和了负荷峰谷差；相反，广东省及云南省的负荷变化率为负，说明这些地区电动出租车的规模充电行为将加大负荷的变化，增大负荷峰谷差。

3.3.3.2 不同发展规模敏感性分析

电动汽车的全面替代仍需要经历一段较长的发展时间，考虑到当下发展实际，本章对五省电动出租车不同发展阶段的情况进行敏感性分析，分别抽取的电动出租车占比 10%~90%，以分析其充电行为对电网造成的影响。

图 3-7（a）至图 3-7（e）分别展示了广东省、广西省、贵州省、云南省及海南省由于电动汽车接入比例的不同而造成的负荷波动变化。据图显示，随着电动出租车占比的增加，其对负荷波动的影响在各个时点沿着相同的趋势逐渐扩大。具体来看，由于五省用电负荷的差异及电动出租车保有量的差异，造成了五省之间各异的负荷波动变化趋势。其中，图 3-7（a）显示广东省每日 10 时之前，电动出租车的接入都减小了负荷波动，而在每日 10 时之后则加大了负荷波动，变化幅度在-15%至 15%之间；图 3-7（b）显示广西省负荷波动变化率呈正负交替出现，随着出租车电动化程度增大，每日 18 时负荷波动情况显著增强，当出租车电气化程度为 90%时，负荷波动变化率高达 60%；图 3-7（c）显示贵州省每日夜间 10 时至次日 10 时的时间段内，负荷波动情况有所缓解，尤其在每日 9 时，负荷波动显著减小，而在用电高峰时段，除了每日 18 时至 19 时，负荷波动情况变化不显著外，其他负荷波动情况更加明显，总的变化幅度在-18%至 8%之间；图 3-7（d）显示云南省在用电低谷期（即每日 23 时至次日 9 时）负荷波动有所缓解，而在其他时段负荷波动增强，总变化幅度相对较小；图 3-7（e）显示海南省在每日 23 点至次日 8 点负荷波动稍减弱，其他时段加强，并且在每日 13 时显著增强，当出租车电气化程度为 90%时，变化率高达 70%。

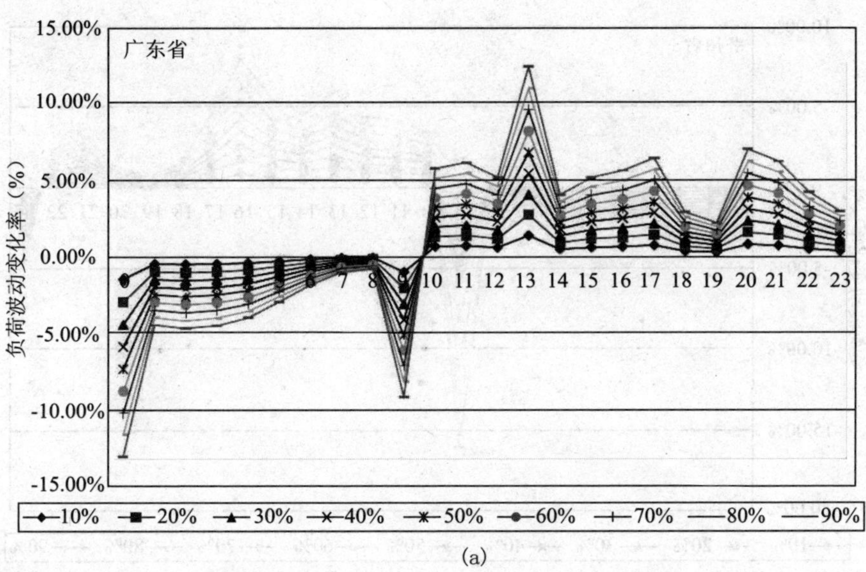

广东省
负荷波动变化率（%）
15.00%
10.00%
5.00%
0.00%
-5.00%
-10.00%
-15.00%
0 1 2 3 4 5 6 7 8 9 10 11 12 13 14 15 16 17 18 19 20 21 22 23
10%
20%
30%
40%
50%
60%
70%
80%
90%

广西省
负荷波动变化率（%）
70.00%
60.00%
50.00%
40.00%
30.00%
20.00%
10.00%
0.00%
-10.00%
-20.00%
-30.00%
0 1 2 3 4 5 6 7 8 9 10 11 12 13 14 15 16 17 18 19 20 21 22 23
10%
20%
30%
40%
50%
60%
70%
80%
90%

(a)

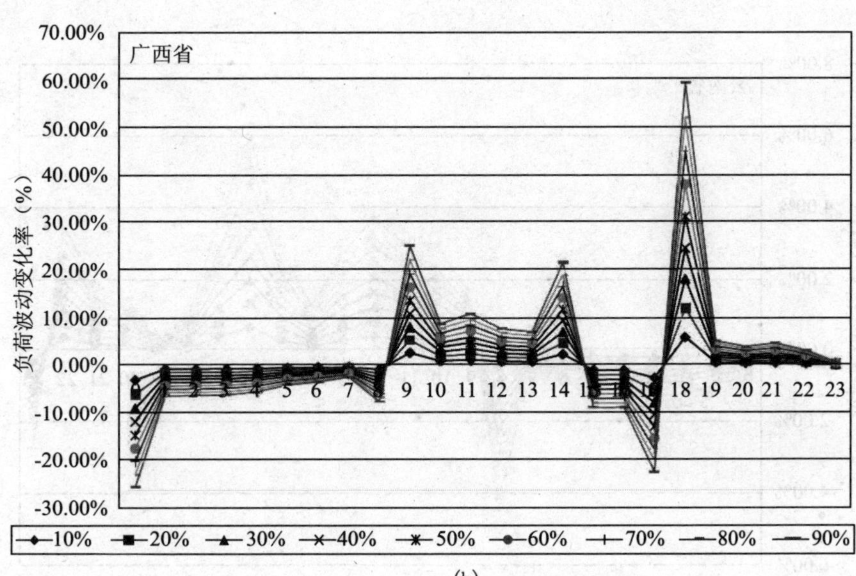

(b)

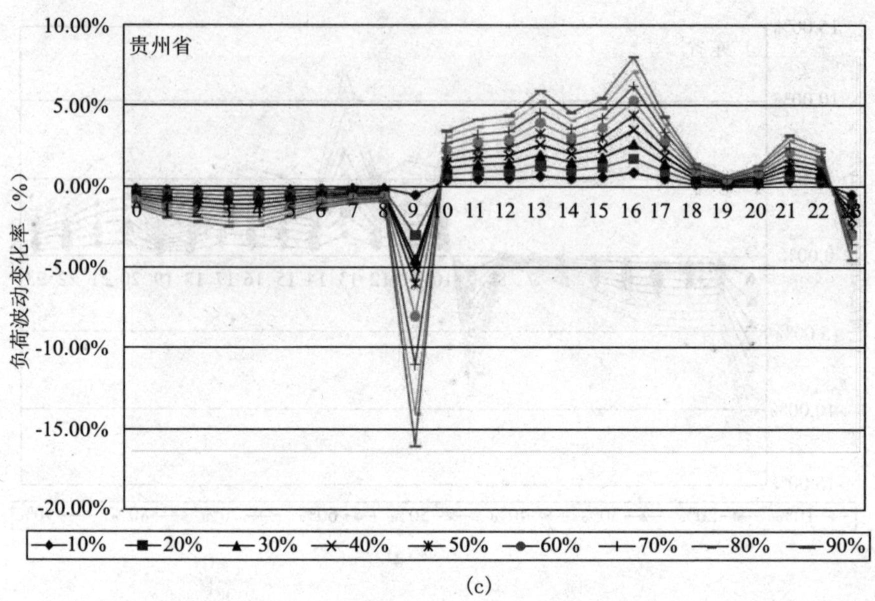

贵州省
10.00%
5.00%
0.00%
-5.00%
-10.00%
-15.00%
-20.00%
负荷波动变化率（%）
0 1 2 3 4 5 6 7 8 9 10 11 12 13 14 15 16 17 18 19 20 21 22 23
10% 20% 30% 40% 50% 60% 70% 80% 90%

云南省
8.00%
6.00%
4.00%
2.00%
0.00%
-2.00%
-4.00%
-6.00%
负荷波动变化率（%）
0 1 2 3 4 5 6 7 8 9 10 11 12 13 14 15 16 17 18 19 20 21 22 23
10% 20% 30% 40% 50% 60% 70% 80% 90%

(c)

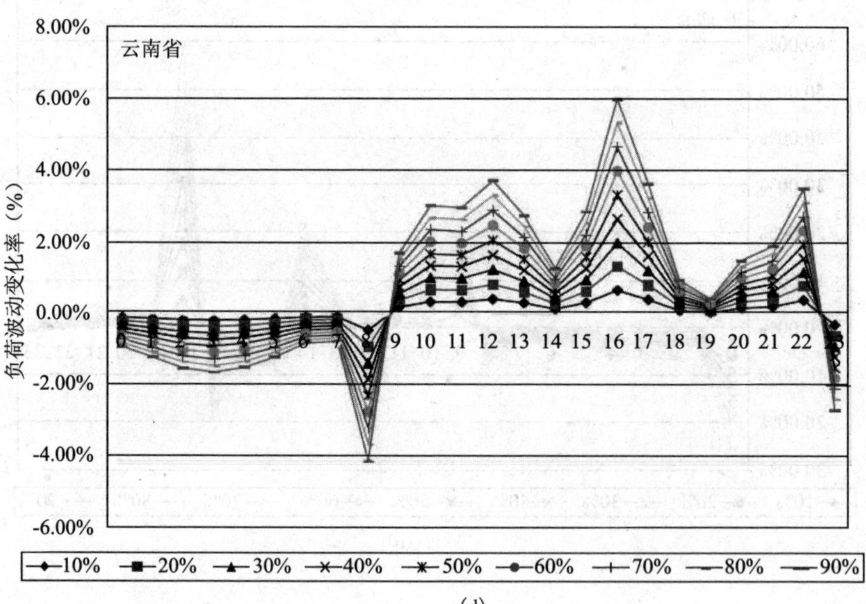

(d)

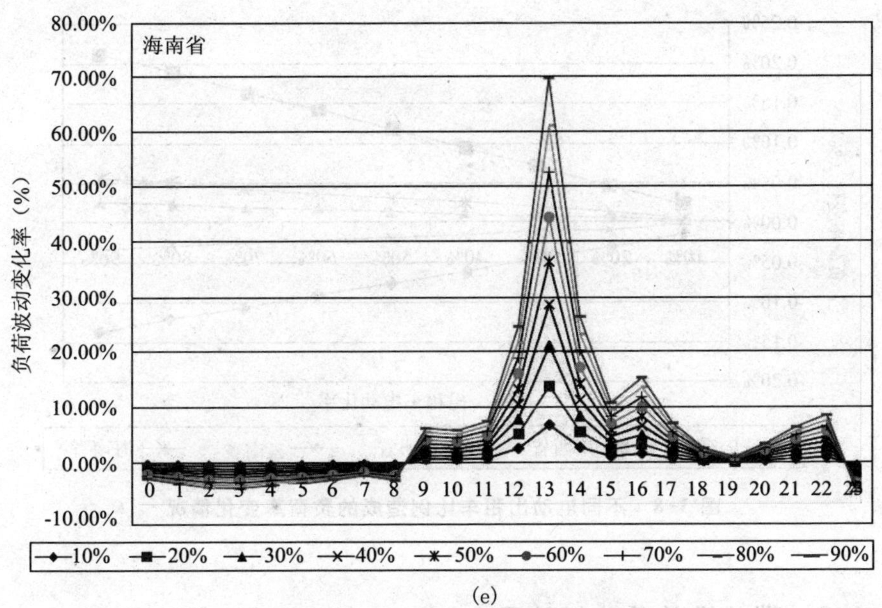

(e)

图 3-7 不同电动出租车比例造成的负荷波动变化情况

进一步，对负荷率的变化情况进行分析，所得结果如图 3-8 所示。随着出租车电动化率的增加，各省负荷率均呈线性变化。其中，广西省、海南省及贵州省负荷率变化为正，且随着电动出租车的增多，负荷率持续增加，帮助区域电网实现了减小负荷峰谷差，出租车的电动化程度有益于保障负荷率；而广东省及云南省，随着电动出租车的增多，负荷率会逐渐减小，会加大负荷的波动程度。

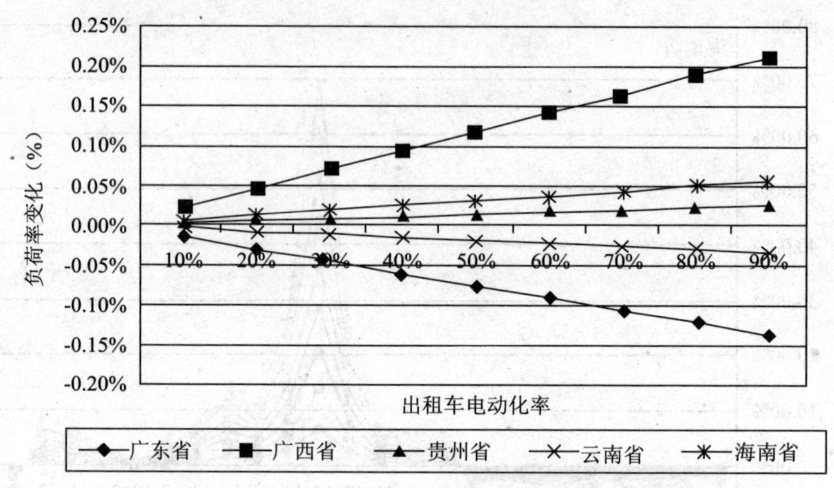

图 3-8　不同电动出租车比例造成的负荷率变化情况

3.3.3　碳减排效益分析结果

基于第 2 章电动汽车的实际充电行为数据，取出租车每日行驶里程为 500km、每 100km 燃油车耗油 8L。2015 年各燃料的排放系数为煤炭 0.811kg/kW·h，天然气 0.413kg/kW·h，汽油 2.135kg/L。进一步可得南方五省出租车电气化及燃油化的碳排放对比情况，如图 3-9 所示。

由图 3-9 可得，当南方五省的出租车都由当下的燃油车更换为电动汽车时，碳排放量都显著减少。其中，云南省的碳排放降低幅度最大，其次依次为广西省、贵州省、海南省及广东省，这是由各省电源结构及出租车数量共同作用的结果。

表 3-5 对南方五省的煤电气电占比、出租车数量及减排幅度进行排序。广东省由于出租车基数大，充电需求高，电源清洁化程度相对最低，从而造成了减排幅度相对最小；广西省、云南省虽然出租车数量较多，由于其电源清洁化程度较高，所以转变为电动汽车后，减排幅度较明显；贵州省、海南省受到电源结构及出租车规模的综合影响，减排幅

度居中。由表 3-5 可知，电源结构中清洁能源占比更大的地区，电动汽车能实现的减排效益更大。

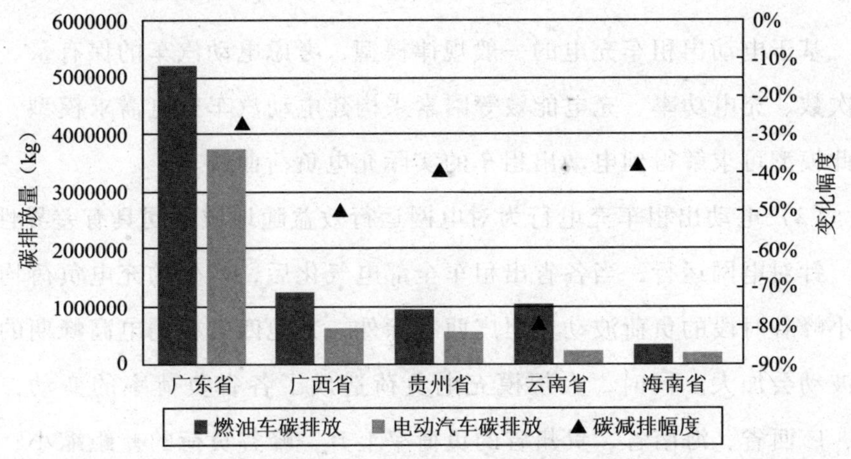

图 3-9　出租车燃油化及电气化碳排放对比

表 3-5　南方五省指标排序

排序规则	1	2	3	4	5
电源清洁化（由小到大）	广东省	贵州省	海南省	广西省	云南省
出租车数量（由大到小）	广东省	广西省	云南省	贵州省	海南省
减排幅度（由小到大）	广东省	海南省	贵州省	广西省	云南省

3.4　本章小结

在我国鼓励公共交通电气化的背景下，本章基于电动出租车的实际数据，分析了大规模出租车电气化后对电网运行及碳减排效应的影响。考虑城市出租车运行特征的一致性，构建电动汽车充电需求模型求解得电动出租车的实际充电负荷。采用多个区域的电源结构及出租车保有量等基础数据进行实例分析，验证了趋同的电动出租车充电行为产生的综合效益具有区域差异性。具体研究过程及结论小结如下：

（1）构建了电动汽车充电需求模型，获得电动出租车实际充电负荷

基于电动出租车充电的一般规律模型，考虑电动汽车的保有量、充电次数、充电功率、充电能效等因素来构建电动汽车充电需求模型，基于此模型可求解得到电动出租车的实际充电负荷曲线。

（2）电动出租车充电行为对电网运行效益随地域不同具有差异性

针对电网运行，当各省出租车全部电气化后，产生的充电负荷均能减小峰谷时段的负荷波动，但广西省除外，其他四省在用电高峰期的负荷波动会加大。同时，大规模充电负荷造成了各省负荷率的变动，其中，广西省、海南省、贵州省的负荷率上升，峰谷负荷的差距缩小；广东省、云南省的负荷率下降，峰谷负荷的差异加大。随着电动出租车所占比例的不同，造成的不同区域电网影响也有差异。其中，广东、广西省负荷波动情况受电动出租车所占比例的影响较为敏感，而其他三省负荷波动变化相对较小。

（3）电动出租车具有碳减排效益，但随地域不同减排幅度也不同

针对碳排放效益，当出租车由燃油车转换为电动汽车时，各省的交通端碳排放值均有减小。受电源清洁化、出租车保有量等因素的影响，各省碳减排幅度均存在差异，其中以云南省的减排幅度最为明显，而广东省的减排幅度有限。

总体而言，电动汽车综合效益的实现会随地域特性的不同而发生差异。一方面，在当前的实际条件下，电动汽车的推广需要因地制宜；另一方面，为了更大幅度地实现电动汽车的良性效益、引导用户有序充电及改善电源结构是重要的手段。

第4章　直充模式下电动汽车充电优化及效益分析

4.1　充电优化路线

电动汽车作为应对能源短缺、环境污染等问题的对策受到了多国政府发展的重视。规模电动汽车的发展一方面具有显著的节能减排效益，一方面却受我国以煤炭为主的电源结构影响，潜在的交通端减排可能转化为发电端的集中排放。作为新生负荷，电动汽车的规模充电也会给电力系统带来挑战，电网端可能会增大负荷峰谷差，加剧负荷波动；发电端将新增发电机组，或给调峰机组造成更大压力等。在此情况下，为了实现电动汽车的预定效益，必须使电动汽车开展有序充电。

这里需细致阐述何为“有序”。“有序”是相对于“无序”而言的状态。无序状态下，用户只考虑自身用车习惯来决定何时开始充电及何时停止充电，在智能充电设备尚未普及的情况下，无序充电会造成随停随充、随走随止的状态；而有序充电状态下，用户不只考虑自身需求，同时也会顾及整个充电链条的情况，从而为了全局利益而改变自己的充电行为，往往这种改变会有经济激励作为补偿及引导。与电动汽车充电相关的利益方会权衡充电影响，从而为了降低不利影响、发挥有利影响而形成让利，用以引导电动汽车用户的行为，这部分将在第7章进行深入研究。

本书着眼于电动出租车的充电行为，考虑到出租车长期处于运行状态的特点，直充模式下充电时间紧张、更难执行放电，所以本章仅对直充模式下电动出租车的有序充电展开深入研究。为了对电动出租车的直充负荷进行优化，本章将以其实际充电行为作为研究起点，从电网、运营商及用户的利益视角分别对充电负荷进行优化，进一步，分析各优化策略对发电端发电煤耗的影响，以节能减排为目标获得最优充电负荷优化方案，研究思路如图 4-1 所示。

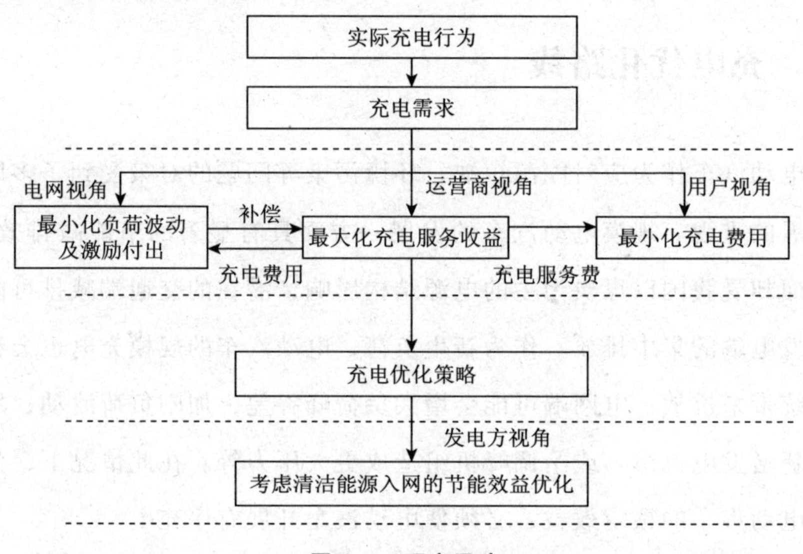

图 4-1 研究思路

4.2 考虑不同利益群体的充电优化模型

4.2.1 电网视角下充电优化模型

4.2.1.1 单目标优化

由上文可知，在直充模式下，电动汽车无序充电将加剧负荷波动，扩大负荷峰谷差，威胁电网的稳定安全运行。为避免电动汽车的无序充电行为，从电网安全运行的角度建立有序充电优化模型时，将负荷波动最小设定为优化目标，即目标函数为式（4-1）：

$$F_1 = \frac{1}{T}\min\left(L(t) + P_t^c - P_{av}\right)^2 \tag{4-1}$$

$$P_{av} = \sum_{t=1}^{24} L(t)/24 \tag{4-2}$$

式中，$L(t)$ 为不考虑充电负荷的日常用电负荷；P_t^c 为有序充电负荷；P_{av} 为不考虑充电负荷的日常用电负荷均值。

在建立约束条件时，需考虑以下几点：首先，优化后的有序充电负荷总值与无序充电时保持一致；然后，由于充电对象是电动出租车，每次充电必须保证出租车随后能正常运营一段时间，不能由于某段时间不利于保证电网的平稳运行而任意压缩电动出租车的充电时间；最后，需考虑充电基础设施的限制，每小时充电汽车数量及充电时间需满足有限服务容量的限制。由此，可相应得约束条件如下：

$$\sum_{t=1}^{24} P_t^c = \sum_{t=1}^{24} P_t^{c,\ practical} \tag{4-3}$$

$$P_t^c \geq N^c Q_{ev} f(t) E_{\min}^c P_{EV}/\rho_{\text{charge}} \tag{4-4}$$

$$P_t^c \leq P_{\max}^c \tag{4-5}$$

式中，$E_{\min}^c$ 是为保证电动出租车的正常运营所需充电的最短时间；$P_{\max}^c$ 为受到充电基础设施的限制，每小时能充电量的最大值。

相比较于居民用电量，当下电动汽车由于规模受限，其充电电量很小，难以对总用电负荷形成影响。但是电动汽车具有显著的发展潜力，为了突显其影响，本章将电动出租车的保有量扩大为 5000 辆，每辆电动出租车每日充电 4 次，充电开始时间的概率分布满足 $f(t)$，每小时充电历时满足表 3-2，电动汽车充电能效为 90%。考虑到充电基础设施的规模，本章设充电运营商在同时段能为三分之一的电动出租车进行充电服务，则可得每小时产生的最大充电负荷为 55MW。采用我国某中等城市的典型日负荷水平作为基准负荷，通过 GAMS 软件实现优化求解，可得结果如图 4-2 所示。

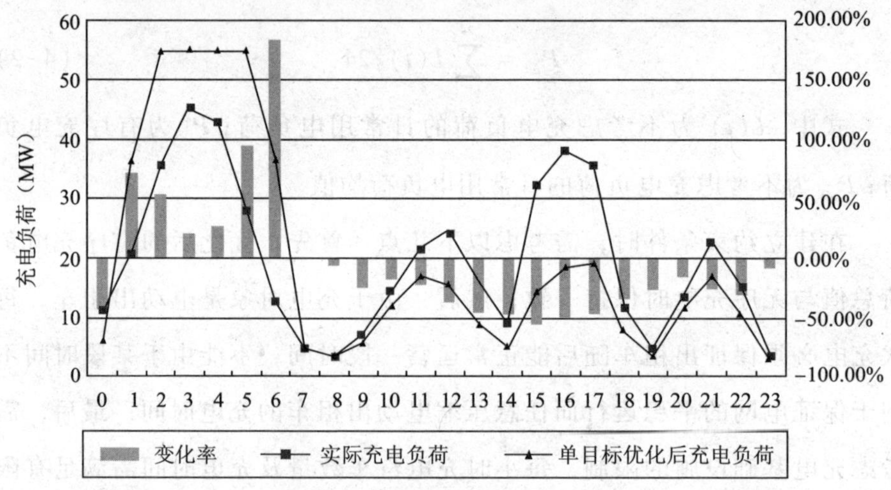

图 4-2 单目标优化充电结果

由图 4-2 可得，以负荷波动最小为目标进行的优化使得充电负荷在用电低谷时段，即每日的凌晨 0 点至 6 点，增大了充电负荷值；相反在用电高平峰时段，即每日的上午 8 点至夜间 22 点，减小了充电负荷值，以此起到了用电负荷削峰填谷的效用。

然而，聚焦优化充电负荷前后的变化率，发现了某些时点变化程度较大，例如每日上午 6 点，优化后的充电负荷较当下实际充电负荷增大了超过 1.5 倍。除此之外，有 6 个时点的充电负荷变化率超过 50%，大多数时点的充电负荷在优化前后变化率超过 20%，这种优化结果在实际中难以实现。由于电动出租车充电产生的负荷归根结底决定于出租车司机的充电行为，在没有外界激励的情况下，出租车司机不会偏向于改变自己的行车习惯。所以，为了实现优化充电的情景，出租车司机必须获得外界激励，或通过优惠电价、或通过直接补贴，才有可能真正改变实际的充电困局。作为电网端，优化的充电负荷有利于平衡负荷峰谷差，以减小负荷波动、保障电网的安全平稳运行，为电网的电力输送提高了经济效益。所以，作为受益端，电网可作为激励用户的施惠方，从而促使电动汽车用户有序充电行为的形成。在这种情况下，从电网视角来说，单目标优化问题需转为多目标优化。

4.2.1.2 多目标优化

基于上文分析，用电总负荷的波动减小幅度越大，需给用电侧电动汽车司机的激励也越大。激励的方式有多种，或是使充电用户享受优惠电价、或是直接给在某些时段充电的用户进行电价补偿。从电网的角度出发，为了优化充电负荷，一方面需将负荷波动最小作为目标，一方面也需考虑提供给用户侧的激励额度。前者提高了电网的经济效益，后者基于方式不同，或将加大电网的运营成本、或减少电费收入，由此构成了多目标优化问题。两个目标相互影响，为了实现综合最优，采用线性加权和法予以处理，只有充分平衡这两个目标，才能获得最优解。

由此，构建优化目标如式（4-6）所示。

$$F_2 = \min\left[\zeta_1 \frac{E_{G_{1,t}} - \min G_{1,t}}{\max G_{1,t} - \min G_{1,t}} + \zeta_2 \frac{E_{G_{2,t}} - \min G_{2,t}}{\max G_{2,t} - \min G_{2,t}}\right] \quad (4-6)$$

$$G_{1,t} = (L(t) + P_t^c - P_{av})^2 \quad (4-7)$$

$$E_{G_{1,t}} = G_{1,t}/24 \quad (4-8)$$

$$P_{av} = \sum_{t=1}^{24} L(t)/24 \quad (4-9)$$

式中，ζ_1、ζ_2 为两目标的权重系数，满足 $\zeta_1 + \zeta_2 = 1$。

一方面由于目前电网公司尚未开展类似的经济补贴，较难确定经济补贴的绝对值；另一方面，电网负荷波动及经济补贴两者间量纲不统一，所以式（4-6）采用归一化处理表征目标函数。针对经济补贴 $G_{2,t}$，以相对值的方式表征其额度，采用分段计额的方法，π 为经济补贴基值。随着优化后的充电负荷与现实充电负荷偏离越远，需要支付的经济补贴越多，本章暂定各段额度的变化情况如式（4-10）所示：

$$G_{2,t}=\begin{cases}0 & \omega\in[0,\ 20\%)\\ \pi & \omega\in[20\%,\ 40\%)\\ 2\pi & \omega\in[40\%,\ 60\%)\\ 3\pi & \omega\in[60\%,\ 80\%)\\ 5\pi & \omega\in[80\%,\ +\infty)\end{cases} \tag{4-10}$$

$$\omega=\frac{\left|P_t^c-P_t^{c,\ practical}\right|}{P_t^{c,\ practical}} \tag{4-11}$$

$$E_{G_{2,t}}=G_{2,t}/24 \tag{4-12}$$

约束条件同式（4-3）至（4-5）。设 $\zeta_1=\zeta_2=0.5$，通过 GAMS 软件实现优化求解，可得结果如图 4-3 所示。

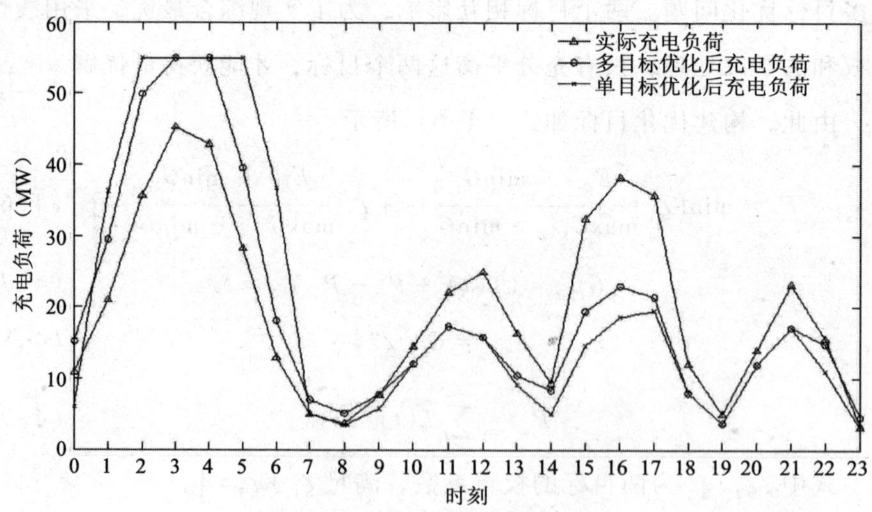

图 4-3　多目标优化充电结果

根据图 4-3 可得，在考虑电网需支付的经济补偿这个因素后，充电负荷可得到进一步优化，虽然比单目标充电优化负荷在部分用电高峰时增大了充电负荷、在用电低谷时减小了充电负荷，但针对实际的充电负荷，多目标优化后的充电负荷依然起到了明显的削峰填谷效果。针对单目标优化，多目标优化不仅考虑了平抑总用电负荷的波动，还考虑了优化后充电负荷实现的可行性，将对用户端行为的引导加入到目标函数中进行求解，所得结果更为合理。

进一步，针对两目标的比例系数 ζ_1、ζ_2 作敏感性分析，可得其对总目标函数 F_2 的影响及对充电负荷的影响，结果分别见图 4-4、图 4-5。

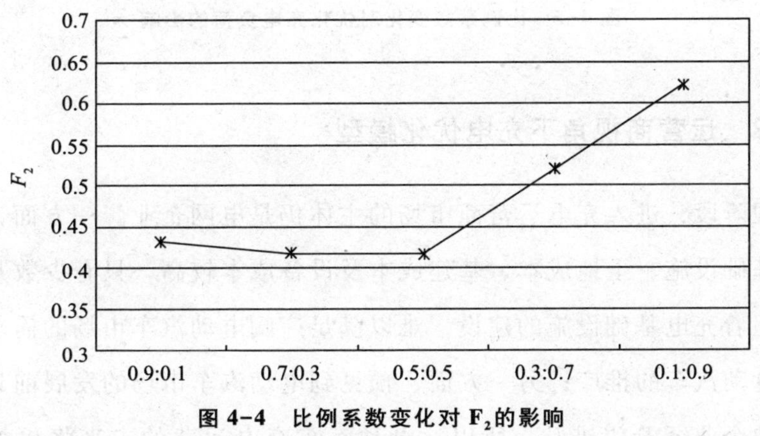

图 4-4　比例系数变化对 F_2 的影响

如图 4-4 所示，当子目标平衡负荷波动占总目标函数的比重减小时，总目标的值先变小后增大，呈 U 型，其中当两比例系数为 1：1 时，总目标值达到最小。由图 4-5 可得，随着两子目标权重的变化，优化的充电负荷也相应改变。当子目标负荷波动平衡所占权重更大时，削峰填谷的效果会更为明显；当子目标激励补偿所占的权重更大时，优化的充电负荷与实际负荷的变化幅度就越小。

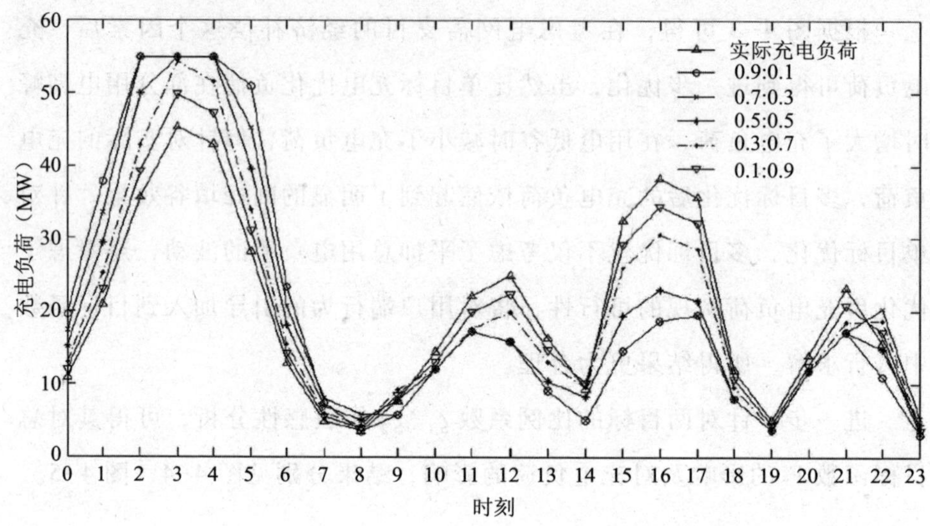

图 4-5 比例系数变化对优化充电负荷的影响

4.2.2 运营商视角下充电优化模型

现阶段，进入充电运营商市场的主体仍是电网企业。一方面，由于充电基础设施、土地成本、基建成本及设备成本较高，只有少数几家企业承担着充电基础设施的建设，难以满足广阔电动汽车市场的需求、不利于电动汽车的推广；另一方面，预见到电动汽车市场的发展前景，有更多的企业会希望进驻。所以，电动汽车充电运营的未来将更加市场化，充电运营商也将更为多样化。本章着眼的充电运营商将不聚焦于电网企业，从而使运营商的主体更为普遍、通用。

前文研究提出从电网的角度出发，在实现负荷波动平衡时，还需考虑对用户行为的引导，从而支付一定的经济补偿，补偿的方式可通过优惠的电价或直接对某时段的充电用户进行返利补贴。由于充电运营商成为了电网与电动出租车之间的衔接点，电网与电动出租车之间并未直接联系，故电网进行的经济补偿将先作用于充电运营商，再由运营商将此激励传递。在此情况下，实施分时充电电价是一种较为理想的方法。与分时用电电价类似，充电电价在用电低谷时便宜，而在用电高峰时上涨。在《关于电动汽车用电价格政策有关问题的通知》中，发改委也明确了对公共场所的充电设施经营者执行峰谷分时电价的政策，并取消基础电费和接网费用，此为充电运营商向电网企业支付的用电电费。

充电运营商的收入来源为用户的充电支出。考虑到充电运营商的前期投入成本，充电运营商为车主制定的充电费用应包含两部分，即充电电费及充电服务费。由于受到电网的激励，用户支付的充电电费与充电运营商支付的充电电费保持一致，由此回收前期投入及实现盈利主要是依靠充电服务费。现阶段，确定充电服务费的方式有很多种，例如，考虑到与燃油车的竞争，采用当日油价为基准制定灵活变化的充电服务费；或者考虑投资回收来制定固定充电服务费等。本文针对的研究对象为电动出租车，其行驶特点具有特殊性。一方面，电动出租车每日充电多次，并且存在几个固定的充电高峰时点；另一方面，出租车司机受到分时电价的影响，会偏向于在用电低谷时进行充电，从而在原本的充电高峰时点上可能进一步增加充电汽车的数量，会使得充电基础设施使用紧张，存在潜在扩容成本风险，对充电运营商造成压力。所以，本章在确定充电服务费时会考虑充电分流因素，提出分时充电服务费的概念。在原本的充电高峰时段及由于分时电价造成的潜在高峰时段收取较高的充电服务费，而在其他时段降低充电服务费。

由此，基于运营商视角，可得充电负荷优化目标为：

$$F_2 = \max \sum_{t=1}^{24} (P_t^c P_t^{cp} - P_t^c P_t^{ep}) \tag{4-13}$$

$$P_t^{cp} = P_t^{ep} + P_t^{sp} \tag{4-14}$$

式中，P_t^{ep} 为 t 时刻运营商支付给电网的充电电费；P_t^{cp} 为 t 时刻用户支付给充电运营商的充电费用，其中包括电费及充电服务费 P_t^{sp} 。

约束条件同式（4-3）至式（4-5）。

以北京市商业用电峰谷分时电价为例作为充电电费标准，可得 P_t^{ep} 的取值满足：

表 4-1　分时充电电费　　　　单位：元/千瓦时

名称	峰段电价		平段电价		谷段电价
时段	11:00-14:00	19:00-22:00	7:00-10:00	15:00-18:00	23:00-次日 6:00
电价	1.3222		0.8395		0.3818

由第二章对电动出租车实际充电行为的分析可知，每日电动出租车的充电高峰时段为 3：00-5：00、10：00-12：00、15：00-17：00 及 21：00-22：00。电价峰谷差异会激励电动汽车司机转变充电行为，避开用电高峰时充电，从而减少充电成本。这样，电价平段及低谷时段将可能促成充电活动集中，结合分时充电电价及现阶段实际充电高峰时段，可得每日 3：00-5：00、15：00-17：00 可能造成更拥堵的充电活动，给充电运营商在设备运行上带来更大压力，所以，为了进行合理疏流，提出分时段充电服务电价。北京市自 2015 年 8 月 1 日开始收取充电服务费，费用水平为每度电 0.8 元，以此作为平段充电服务费大小，设峰段充电服务费为平段的 ε 倍（$\varepsilon > 1$），可得优化结果如图 4-6 所示。

从图 4-6 可得，运营商的利润主要受充电服务费用的影响，在高充电服务费时段，优化负荷值上升；而在低服务费时段，优化负荷值下降。具体而言，在每日 3：00-5：00 时段及 15：00- 16：00 时段的充电负荷将达到服务能力峰值。

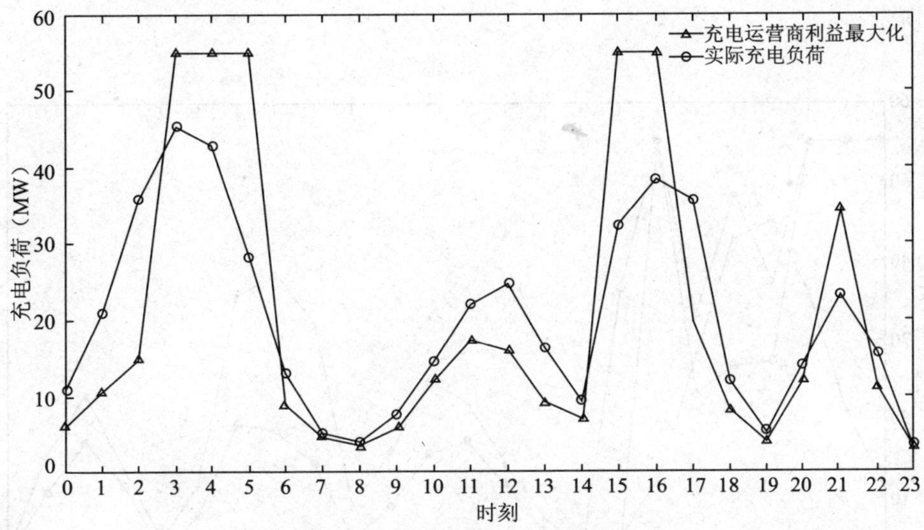

图 4-6　运营商角度优化充电结果

4.2.3　用户视角下充电优化模型

出租车司机对加油费、充电费等能量费较为敏感，假定出租车司机具有“经济人”特性，其充电行为会随充电费用的变化而变化，则从用户视角出发，以最小化充电费用支出作为充电负荷优化的目标，其目标函数如式（4-15）所示。

$$F_3 = \min \sum_{t=1}^{24} P_t^c P_t^{cp} = \min \sum_{t=1}^{24} P_t^c (P_t^{ep} + P_t^{sp}) \tag{4-15}$$

约束条件同式（4-3）至式（4-5）。

P_t^{sp} 满足式（4-16）：

$$P_t^{sp} = \begin{cases} 0.8 & t \in [0,\ 3) \cup [6,\ 15) \cup [16,\ 24) \\ 0.8\varepsilon & t \in [3,\ 6) \cup [15,\ 16) \end{cases} \tag{4-16}$$

式中，ε 为分时充电服务费系数，满足 $\varepsilon > 1$。

为合理分析结果，将 ε 取不同的值进行分析，可得结果如图 4-7

所示。

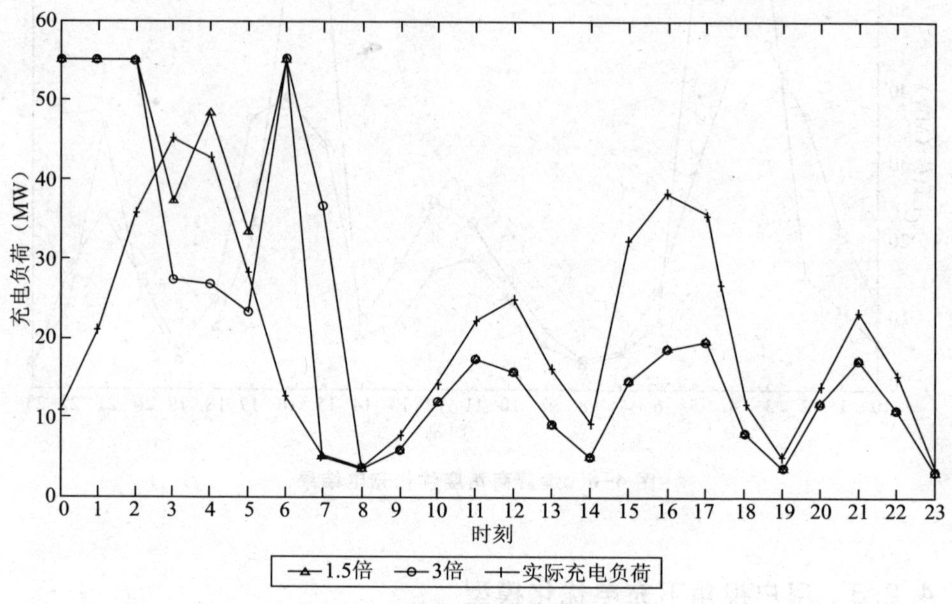

图 4-7 用户角度优化充电结果

从图 4-7 可得，用户的充电行为将受到分时电价及分时充电服务费的综合作用，其优化后的负荷与两类分时价格的总值密切相关。总体而言，每日的 0 点至 2 点及 6 点，低用电电价及低服务价造成了这些时段充电量的明显上升。每日 3 点至 5 点，受到低用电电价及高服务价的双重作用，此段出现了不同的变化，当 ε 取值由 1.5 倍上升至 3 倍时，此段的充电量出现了明显下降；每日 7 点，此时段属于低电价、低服务价时段，当 ε 取值增大为 3 时，此段的低价优势突显，充电负荷上升；在其他时段，分时用电电价的作用较分时充电服务价的作用明显，不论充电服务价的高低，这些时段的充电负荷均有所下降，且能降至满足出租车正常运行的最低需求。

4.3 不同充电策略对发电方的影响分析

4.3.1 不同充电策略对比

图 4-8 将以上不同利益方视角下所得的优化充电负荷进行集中展示，以比较从不同利益方视角进行的充电负荷优化策略的效果。

总体而言，从各利益方的视角进行的充电负荷优化较实际充电负荷方面都实现了效益的提升。电网方视角所得的结果实现了原充电负荷的移峰填谷；运营方视角所得的结果提高了用电低谷时充电负荷；用户方视角所得的结果提高了用电低谷充电负荷总值，降低了用电高峰期充电负荷。然而，对于各参与方自身，从不同视角提出的充电负荷优化策略实现的效果并不一致。

从电网利益视角进行的优化，实现了原充电负荷的移峰填谷。在负荷峰平段与从用户视角进行的优化起到了相同的效果，但是与运营商在部分时段出现了背离现象。在负荷低谷段，部分时段与从运营商视角进行的优化起到了相近作用，但是与从用户视角进行的优化出现了背离。

从运营商利益最大化的角度优化后，低谷时期的总充电负荷量有所提升，但是在峰平段会出现新的充电负荷高峰值，有加大总负荷峰值的风险，并不利于供能端及输电网的平稳运行，对发电方及电网方的利益有损害。并且，在每日 3 点至 5 点间、在同样的分时服务电价及分时服务费作用下，运营方视角进行的优化提高了充电负荷，而用户视角进行的优化降低了充电负荷，出现了利益背离。

由此，以协调各参与方的利益为基础进行的有序充电优化显得尤为重要。必须将各方利益进行柔性融合，建立相邻方的交易机制，从利益链的角度协调各方。本书将在第 7 章深入讨论。

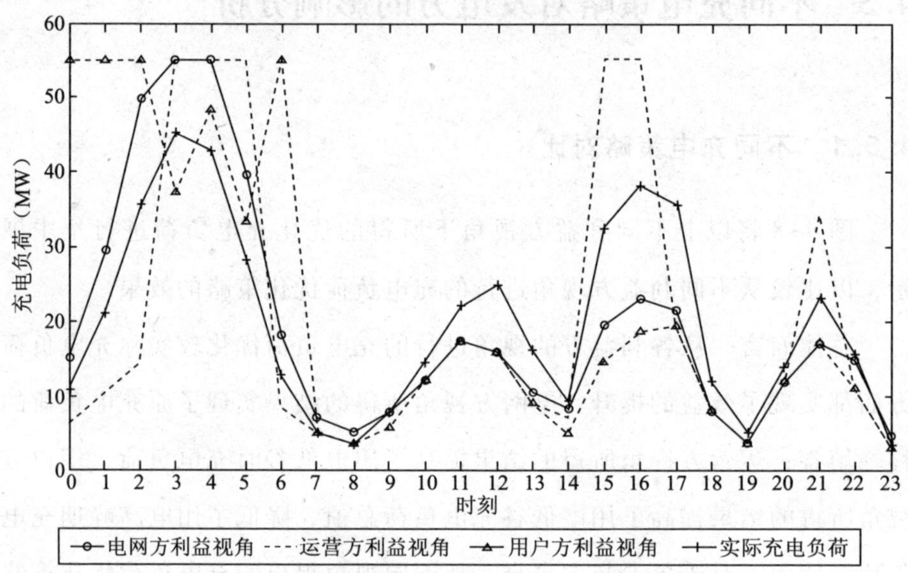

图 4-8　不同视角下充电负荷优化策略对比

4.3.2　发电侧节能发电调度优化模型

我国发电结构以燃煤为主，且考虑到新能源发电的间歇性、随机性，传统火电发电方式承担了可再生能源发电的辅助服务功能。与风电、水电等新能源发电方式相比，火电发电商需承担更多的可变成本，但同时居高不下的火电占比成为了我国碳排放的主要来源。总体而言，立足于发电端，需要进一步降低燃煤成本、提高清洁能源的入网率。

4.3.2.1　目标函数

有序的电动汽车充电可起到用电负荷削峰填谷的作用，这样对发电端的平稳运行也有帮助，有效降低机组的启停机成本、提高燃煤发电效率，能起到节能减排的作用。然而无序的充电方式可能造成边际发电成本上升，同时加大碳排放量。为了对比上文从其他利益方角度进行的充电优化效果，采用最小化燃煤成本作为目标函数，从而对比各充电情境下对发电端的节能减排影响。

发电成本包含发电运行成本及机组启停成本，则目标函数如式(4-17)所示：

$$F_4 = \min \sum_{t=0}^{T} \sum_{i=1}^{I} [u_{i,t} f_1(g_{i,t}) + u_{i,t+2}(1 - u_{i,t}) S_{i,t}] \quad (4-17)$$

式中，$f_1(g_{i,t})$ 为火力发电煤炭消耗函数，其与实时火力发电出力相关，满足二次函数式（4-18）；a_i，b_i，c_i 为相关比例系数。

$$f_1(g_{i,t}) = a_i + b_i g_{i,t} + c_i g_{i,t}^2 \quad (4-18)$$

此外，I 为火电机组总数；T 为每日时段总数；$g_{i,t}$ 为机组 i 在时刻 t 的出力；$u_{i,t}$ 为0-1 变量，其中当 $u_{i,t} = 1$ 时，表示机组 i 在时刻 t 为开机状态，当 $u_{i,t} = 0$ 时，表示机组 i 在时刻 t 为停机状态；$S_{i,t}$ 为机组 i 在时刻 t 的启停机煤耗量，可由以下方法确定：

$$S_{i,t} = \begin{cases} S_{i,h}, & M_i^{off} < T_{i,t}^{off} < M_i^{off} + T_{i,c} \\ S_{i,c}, & T_{i,t}^{off} > M_i^{off} + T_{i,c} \end{cases} \quad (4-19)$$

式中，$S_{i,h}$ 为机组 i 的热启动煤耗量；$S_{i,c}$ 为机组 i 的冷启动煤耗量；M_i^{off} 为机组 i 的最短停机时间；$T_{i,t}^{off}$ 为机组 i 在时刻 t 的持续停机时间；$T_{i,c}$ 为机组 i 的冷启动时间。

式（4-17）既包含连续变量，也包含 0-1 变量，同时还包含二次函数，所以该目标函数为混合整数二次约束规划问题，求解比较复杂，且收敛速度慢。为有效求解该目标函数，本章基于 Carrion M（2006）的研究，对式（4-18）进行线性化处理，结果如图 4-9 所示。将发电煤炭消耗函数分割成 N 段，每段以线性函数表示，则二次函数 f（g）可表达为分段函数 F（g）。

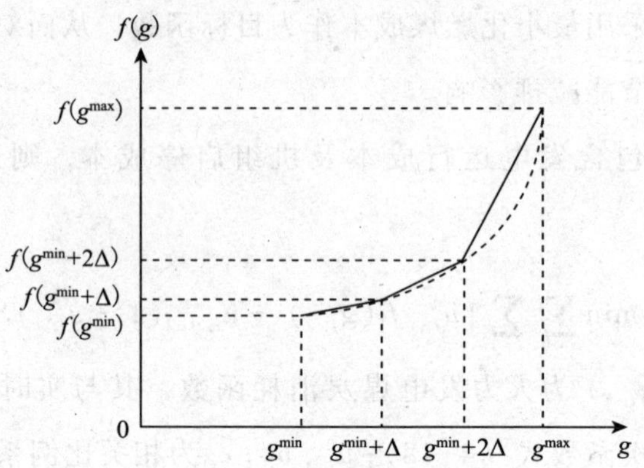

图 4-9 二次函数线性化处理

当 $g \in [g^{min}+n\Delta, g^{min}+(n+1)\Delta]$ 时，F（g）满足

$$F(g)=f(g^{min}+n\Delta)+(g-g^{min}-n\Delta)\cdot [b+(2n+1)c\Delta+2cg^{min}] \tag{4-20}$$

式中，n=0，1，…，N；Δ 满足 $\Delta=\frac{g^{max}-g^{min}}{N}$。

由此，通过线性化处理，该目标函数可转化为混合整数规划问题。

4.3.2.2 机组约束条件

考虑机组的发电特点，需满足以下发电约束条件：

（1）电力供需平衡约束

$$\sum_{i=1}^{I} g_{i,t}u_{i,t}(1-\theta_i)+\sum_{k=1}^{K}\varphi_k p_{k,t}(1-\theta_k)=L(t)+p_{c,t} \tag{4-21}$$

式中，$u_{i,t}$ 为机组 i 在 t 时刻的启停状态变量，如果机组 i 在 t 时刻处于启动状态，则该变量的取值为 1；如果机组 i 在 t 时刻处于停机状态，则该变量的取值为 0。

（2）火电机组发电功率约束

$$u_{i,t}g_{i,t}^{min}\le u_{i,t}g_{i,t}\le u_{i,t}g_{i,t}^{max} \tag{4-22}$$

$$g_{i,t+1}^{max}=\min(u_{i,t}g_{i,t}^{max},\ g_{i,t}+\Delta g_i^{+})u_{i,t} \tag{4-23}$$

$$g_{i,t+1}^{\min} = \max(u_{i,t}g_{i,t}^{\min},\ g_{i,t} - \Delta g_i^-)u_{i,t} \tag{4-24}$$

（3）火电机组出力爬坡约束

受工艺技术的影响，相邻时间段内机组的发电出力变化有所约束，实时出力增量与减量满足：

$$\Delta g_i^- \leq g_{i,t+1} - g_{i,t} \leq \Delta g_i^+ \tag{4-25}$$

（4）火电机组启停机时间约束

发电机组频繁的启停将损害机组的性能，同时会造成大量的机组启停燃料消耗、成本巨大，因此对机组的连续启停时间作如下约束：

$$(T_{i,t}^{on} - M_i^{on})(u_{i,t} - u_{i,t+1}) \geq 0 \tag{4-26}$$

$$(T_{i,t}^{off} - M_i^{off})(u_{i,t+1} - u_{i,t}) \geq 0 \tag{4-27}$$

（5）系统备用约束

发电侧或者需求侧在电力系统运行的过程中可能出现一些波动，为了保证系统功率的实时平衡，发电出力有必要满足一定的调整裕度，通过实时增加或者降低发电出力来保证系统的平衡。

$$\begin{cases} \sum_{i=1}^{I} u_{i,t}(g_{i,t}^{\max} - g_{i,t})(1 - \theta_i) \geq R_t^1 + R_{k,t}^1 \\ \sum_{i=1}^{I} u_{i,t}(g_{i,t} - g_{i,t}^{\min})(1 - \theta_i) \geq R_{k,t}^2 \end{cases} \tag{4-28}$$

其中，$R_t^1 = \lambda \sum_{i=1}^{I} u_{i,t}g_{i,t}$；$R_{k,t}^n = \eta_t^n \varphi_k p_{k,t}(n = 1,\ 2)$

（6）风电出力约束

风电机组的实时功率输出受风电场的来风量约束，满足：

$$p_{wind,t} \leq v_t P_{wind} \tag{4-29}$$

式中，ϕ_k 为除火电之外，其他发电电源的结构占比；θ_i 为机组 i 的厂用电率；θ_k 为对应发电方式 k 的厂用电率；$L(t)$ 为不考虑充电负荷的总用电负荷；$p_{c,t}$ 为时刻 t 时的总充电负荷；$g_{i,t}^{\max}$，$g_{i,t}^{\min}$ 分别为机组 i 在时

刻 t 的最大及最小可能出力；Δg_i^+，Δg_i^- 分别为机组 i 在时刻 t 提升功率或降低功率的响应速度极限；M_i^{on} 为机组 i 的最短运行时间；$T_{i,t}^{on}$ 为机组 i 在时刻 t 的持续运行时间；R_t^1 为时刻 t 的系统备用需求；$R_{k,t}^1$ 为发电方式 k 的上旋转备用需求；$R_{k,t}^2$ 为发电方式 k 的下旋转备用需求；λ 为系统备用需求系数；η_k^n 为发电方式 k 的备用需求系数；$p_{wind,t}$ 为风电机组在时刻 t 的实时功率；υ_t 为风电场在 t 时段的等效利用效率；P_{wind} 为光伏发电站的总装机容量。

4.3.3 案例分析

4.3.3.1 参数赋值

电源结构的组成包括火电、核电、水电及其他可再生能源发电，例如太阳能及风电等。一方面，核电及水电可作为基荷来源，对火电出力的变化影响较小；另一方面，风电及太阳能发电皆具有随机性及间歇性的特点。为了简化模型运算，本章将风电作为除火电外的其他发电方式，根据上文典型用电负荷水平，设风电的装机容量为 500MW，且风电场等效利用率满足表 4-2。

表 4-2 风电场等效利用率

时段	利用率	时段	利用率	时段	利用率
1	0.27	9	0.32	17	0.58
2	0.28	10	0.34	18	0.45
3	0.27	11	0.35	19	0.36
4	0.29	12	0.39	20	0.28
5	0.28	13	0.41	21	0.23
6	0.3	14	0.46	22	0.24
7	0.31	15	0.51	23	0.21
8	0.33	16	0.59	24	0.2

进一步，发电侧燃煤发电系统包含 6 台发电机组，其参数如表 4-3 所示。另外，设备用需求系数 λ，η_k^n 均为 5%。

表 4-3 燃煤机组参数

Unit	g_i^{min} (MW)	g_i^{max} (MW)	Δg_i^+ (MW)	Δg_i^- (MW)	a_i	b_i	c_i (10^{-5})	M_i^{on} (h)	M_i^{off} (h)	S_i (t)	θ_i (%)
1#	250	600	280	-280	11. 71	0. 274	0. 64	8	8	25. 6	4. 9
2#	200	500	240	-240	9. 79	0. 282	0. 81	8	8	23. 1	5. 3
3#	180	400	180	-180	8. 48	0. 297	1. 84	7	7	19. 6	5. 7
4#	150	300	150	-150	6. 17	0. 308	3. 66	5	5	15. 4	7. 1
5#	70	150	70	-70	3. 54	0. 332	4. 15	3	3	4. 3	8. 3
6#	30	100	50	-50	1. 43	0. 337	9. 01	2	2	2. 1	7. 7

进一步，借用 GAMS 软件进行模型求解。

4. 3. 3. 2 不同充电策略节能效果分析

将 4. 2 节确定的各充电负荷值带入模型，通过 GAMS 软件进行求解，以 Case I 代表实际充电负荷、Case II 代表从电网角度进行优化的充电负荷、Case III 代表从运营商角度进行优化的充电负荷、Case IV 代表从用户角度所得优化充电负荷，由此可对各情境下煤耗量、发电量等求得结果，如表 4-4 所示。

表 4-4 燃煤量及风电并网量

	Case Ⅰ	Case Ⅱ	Case Ⅲ	Case Ⅳ
总煤耗（t）	6024. 836	5951. 44	6014. 432	6009. 566
火力发电量（MW · h）	19447. 08	19422. 25	19438. 09	19431. 63
风电发电量（MW · h）	3586. 957	3611. 789	3595. 954	3602. 406
单位火电煤耗（g/kW · h）	309. 8067	306. 4238	309. 4148	309. 2671
单位系统煤耗（g/kW · h）	261. 5623	258. 3759	261. 1106	260. 8993

从表中可得，相较于实际充电负荷，从相关方视角进行优化产生的

充电负荷均使得总煤耗水平降低、火力发电量降低，而风电发电量有所上升。其中，以CaseⅡ下变化幅度最大，由于总煤耗的下降及风电入网量的提升，使得CaseⅡ下单位火电煤耗为306.42 g/kW·h，相较于实际充电负荷的情景降低了3 g/kW·h，进一步单位系统煤耗为258.37 g/kW·h，相较于实际充电负荷的情景同样降低了3 g/kW·h，节能效果显著。针对另两种情景，CaseⅢ及CaseⅣ相对于CaseⅠ具有一定的节能作用，但效果不显著。

进一步，对四种情境下风电发电量及弃风量进行对比，结果如图4-10所示。

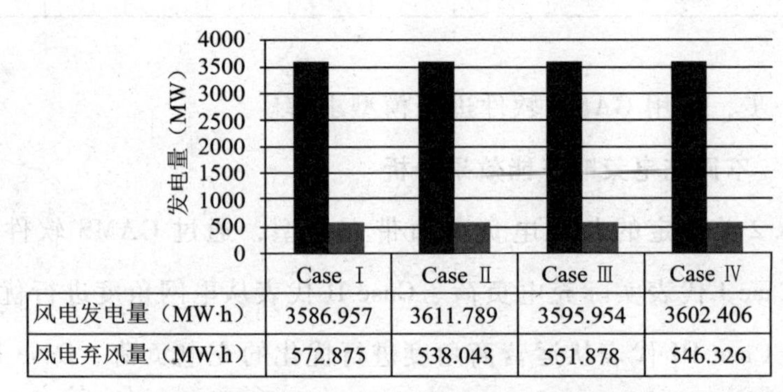

	Case Ⅰ	Case Ⅱ	Case Ⅲ	Case Ⅳ
风电发电量（MW·h）	3586.957	3611.789	3595.954	3602.406
风电弃风量（MW·h）	572.875	538.043	551.878	546.326

图4-10 风力发电量结果

从图中可得，与CaseⅠ相比，后三种情景均加大了风电入网量、减小了弃风量，其中以CaseⅡ效果最明显，CaseⅣ次之，CaseⅢ再次。由于优化的充电负荷均在每日用电低谷时期增大了充电需求，即在每日凌晨充电活动增加，而风力发电在夜间较为集中，故优化后的充电行为较现阶段充电行为起到了更好的消纳风电的功能，起到了帮助清洁能源入网、提高电源结构低碳率的作用。由于清洁能源发电量增多，相应所需的化石能源发电量会降低，单位发电煤耗也随之下降，而且对清洁能源发电的辅助作用也保障了可再生能源发电商的利益。

针对各情境下机组的发电状况可得结果如图 4-11 所示。

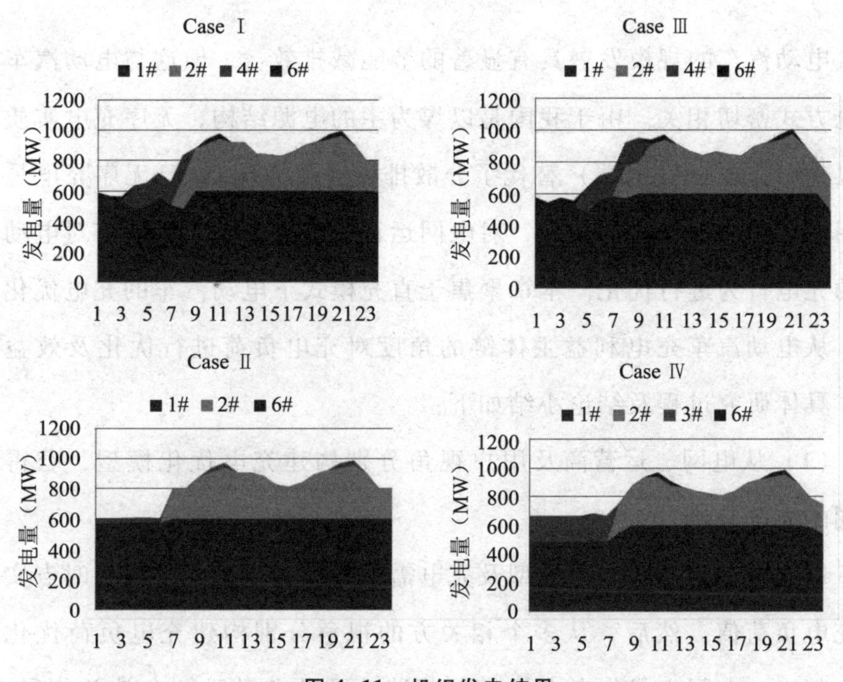

图 4-11　机组发电结果

从图中可得，除了 CaseⅡ是 3 台机组配合发电外，其他三种情况下均需 4 台机组进行发电。其中，机组 1#起到维持基荷的作用，CaseⅠ及 CaseⅢ中，机组 4#一般在负荷低谷时发电，机组 6#用于在负荷高峰时适应负荷变化。而 Case Ⅱ下，仅有机组 6#在负荷峰谷时用于适应负荷的快速变化。虽然相较于机组 6#，机组 5#的发电效率更高，但发电机组优化需同时考虑发电成本及启停机成本的综合作用，由于机组 5#具有更高的启停机成本，使得在发电计划中的四种情景均未使用机组 5#。

4.4 本章小结

电动汽车的规模发展具有显著的节能减排效益，但这与电动汽车的充电方式密切相关。由于我国是以煤为主的电源结构，无序充电实质上是以集中排放（发电端）替代了分散排放（交通端），且无序充电易产生用电负荷峰上加峰的后果，对电网运行会造成影响，所以需对电动汽车的充电行为进行优化。本章聚焦于直充模式下电动汽车的充电优化问题，从电动汽车充电利益主体链的角度对充电负荷进行优化及效益分析。具体研究过程及结论小结如下：

（1）从电网、运营商及用户视角分别构建充电优化模型，获得了不同的充电策略

以充电行为一般规律模型及充电需求模型为基础，求得各时点实际的充电负荷值。然后，从多个相关方的视角分别构建充电负荷优化模型，其中，电网方优先考虑平衡负荷波动及外在激励综合效益值最小；运营商在分时电价及分时服务费作用下，优先考虑最大化充电服务收益；用户在分时充电费作用下，优先考虑最小化充电成本，从而获得多个充电负荷优化策略。

（2）不同充电策略均实现了效益的提升，但仍存有差异性

从各利益方的视角进行的充电负荷优化较实际充电负荷都实现了效益的提升。电网方视角所得的结果实现了原充电负荷的移峰填谷；运营方视角所得的结果提高了用电低谷时充电负荷；用户方视角所得的结果提高了用电低谷充电负荷总值，降低了用电高峰期充电负荷。总体而言，从电网视角进行的优化效果最为明显，而从运营商视角及用户视角获得的充电策略出现了新的充电负荷高峰值，并且在同一电价策略下，

两者形成的充电策略会出现背离，还需要进一步协调优化。

（3）不同充电策略均提高了发电端的节能减排效益，以从电网视角进行的优化效果最佳

从发电方角度构建发电节能调度优化模型，以燃煤成本最低为目标，对比各充电负荷优化策略的节能效益。研究结果表明，相较于实际充电负荷，三种优化充电策略均使得发电计划中增加了清洁能源的发电量，降低了火电的发电量，提高了单位火电煤耗效率及单位系统发电煤耗效率，起到了节能减排的作用。其中，以从电网角度进行的优化所实现的单位煤耗最低，风电并网量最大。

第5章　换电模式下电动汽车充放电优化及效益分析

5.1　换电模式概况

与传统燃油车的服务相比，针对在行驶中需要进站补给能量的方式（不包含停在停车场内进行能量补给的方式），直充模式显然不具有竞争力。往往用户需要快速地完成汽车供能，并且高效地完成单辆车的能量供给，才有益于快速疏散站内汽车数量、避免阻塞。然而，直充模式下快充模式需要至少半小时才能使电池充满，而慢充模式则需要至少3个小时以上的时间，造成了用户的使用不便。目前直充模式更为普遍的重要原因在于现阶段以整车买卖为主，当用户购买了电动汽车后，能立即在家中或公共场所的充电桩进行充电；而在换电模式下，需要运营商先购买大量电池用于充电及更换，并且需要事先建立起良好的运营模式。然而，换电池模式仍然具有相较于直充模式的显著优势。首先，换电模式下，用户可购买不包含电池的裸车，不用承担电池成本，现阶段电动汽车的主要成本来源于电池，减免的电池成本将明显降低用户的前期投入。并且充电运营商会负责电池的统一维护及报废，降低了用户在电池使用方面的运维成本。其次，换电池时间短，只需5分钟便可完成单辆电动汽车的电池更换，相较直充模式更具有与传统燃油车相比的竞争力；此外，集中管理的电池系统可以作为储能设备，辅助电力系统发挥功效，一方面可以通过 V2G 技术实现电能回送电网，承担电网高峰时用电需求，另一方面可辅助风能、太阳能等可再生能源接入电网，扩大清洁能源的发电量，实现电源低碳发展。所以，电动汽车换电模式具有一定的可行性。

我国公共交通发达，公交车及出租车保有量大，并且他们是现阶段交通电气化的主要推广对象。对于公共交通，尤其是出租车，由于其长时间处于运行状态、运营里程长，将会导致更为频繁的充电需求，在此情况下，每次长时间充电并不现实。这样，电池更换模式更适合为这类公共交通提供服务。目前，国家电网公司杭州供电局已在全市开展电池换电服务，截止 2014 年底共建成充换电站 27 座（包括电池配送站），能为 723 辆电动出租车提供服务，并完成换电累计 642，000 次，服务里程累计 3239 万公里。北京、海南电力公司也在开展此项业务，北京已制定目标到 2015 年底，建成由 6 座大型集中充电站、250 座充换电站、210 座小型配送站组成的电动汽车充换电三级服务网络。海口的龙华换电站也已投入运行，为 253 辆电动出租车提供服务。

相较于直充模式，针对换电模式的研究较少。部分研究就换电模式产生的用电负荷进行预测，Dai（2014）基于每小时电动出租车的换电数量、行驶里程、电池换下时间及充电历时进行充电负荷预测；Adler（2014）、Liu（2012）和 Mak（2013）聚焦于换电站的布局问题。较少有研究探讨换电模式对电力系统的影响及发电成本的影响。此外在之前的研究中，通常默认换电模式下，换电运营商给电池充电的时间不受电动汽车车主换电行为的影响，可独立安排电池充电计划。当充换电站储备有足够多的电池时，运营商往往偏向于根据分时电价来进行电池充电，从而节约充电成本。但通过对我国开展的换电服务进行的实地调研发现，现阶段我国的换电模式受到车主换电行为的影响，造成此情况有以下原因：首先，换电模式尚处于初级发展阶段，通常每个充换电站的储备电池有限；其次，高昂的电池成本使得运营商不愿意在换电市场还未形成规模发展时囤积大量电池；最后，电动出租车每日运行时间长，换电次数多，换电站产生的充电负荷必然受到用户换电行为的影响。所以，对换电站的充电负荷进行优化必须考虑换电用户的行为转变。

笔者通过对换电站的实地调研，已获取实际情况下换电站所产生的换电负荷，由于各地出租车的运行具有一致性，所以该换电站所产生的充电负荷具有一定代表性，可用作进一步分析。本章将在此基础上，考虑实际换电负荷对电网平稳运行的影响，并综合用电负荷峰谷、出租车车主运行习惯对换电负荷进行优化，提出一种理想的有序换电模式。结合电动出租车车主的行为变换偏好，基于采用有序换电模式的用户在全体用户中的占比细分情景进行进一步的分析，探讨有序换电模式较实际换电模式对电网及发电端产生的不同影响。

5.2 换电模式下充电负荷优化思路①

5.2.1 换电模式下充电负荷分布

通过对某充换电站的实地调研所搜集的数据可得，该充换电站为253 辆电动出租车服务，每辆电动出租车配备 4 组电池，电动总容量为24kW·h，当电池量仅剩余 30%时，汽车需到换电站将该电池换下，并换上充满电的电池，被替换下的电池立即开始接入充电系统进行充电，

① 本章 5. 2—5. 4 部分内容发表于：Rao Rao，Zhang Xingping，Xie Jian，Liang Yanni. Optimizing electric vehicle users' charging behavior in battery swapping mode [J]. Applied Energy，2015，155：547-559.

电池充满耗时约 1 小时。根据该市对新能源汽车的规划，是到 2015 年实现 5000 辆新能源汽车上路。虽然由现阶段情况可知此规划目标没有实现，但为了探讨该规模下电动汽车所需充电负荷产生的影响，本章设新能源汽车的保有量为 5000 辆，且均为采用更换电池的模式供能的电动汽车，且换电行为与现阶段已有的换电行为保持一致。基于负荷密度法，可得 5000 辆电动出租车所产生的充电负荷满足式（5-1）：

$$p_t^c = \frac{Q_{EV}}{Q'\,EV} \cdot p_t^{c\,\prime} \tag{5-1}$$

式中，p_t^c 为 5000 辆电动出租车在时刻 t 产生的充电负荷；$p_t^{c\,\prime}$ 为现阶段电动汽车在 t 时刻实际产生的充电负荷；Q'_{EV} 为现阶段实际电动汽车的保有量；Q_{EV} 为目标电动汽车的保有量。

通过实地调研，对充换电站的每日每时点产生的充电负荷进行了为期 3 个月的记录，采用每个时点充电负荷的平均值赋值于 $p_t^{c\,\prime}$，并通过式（5-1）求解得 5000 辆电动出租车换电所得充电负荷，结果如图 5-1 所示。

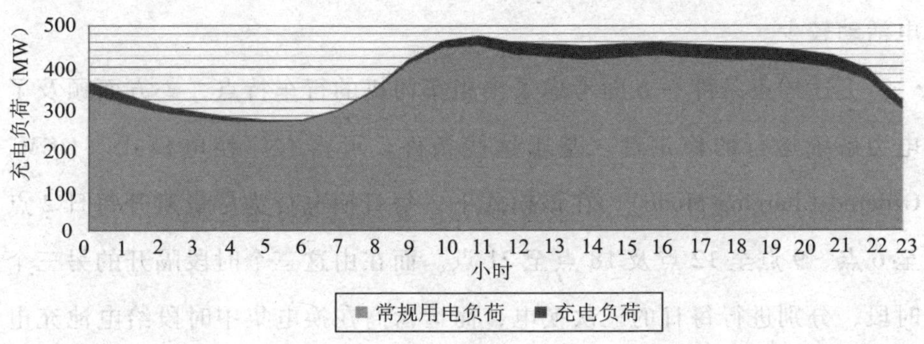

图 5-1　换电模式下 5000 辆电动出租车产生的充电负荷

由图可得，在换电模式下，产生的充电负荷与常规用电峰平段基本重合，在每日上午 10 时至夜间 22 时维持较高水平，而在凌晨 3 点至 7

点充电电量较小。换电活动造成了充电负荷的峰上加峰现象，加大了总用电负荷的峰谷差，不利于电力系统的安全稳定运行，所以对换电模式下产生的充电负荷进行优化十分必要，这就需要进一步探讨有序的换电模式。

5.2.2 有序换电模式构建

该市电动出租车为单人负责制，每日运行 12-15 小时，夜间休息，每日平均换电次数为 2 至 4 次，由此本文假设每日电动出租车换电 3 次。为了降低对电力系统的不良影响，确定更优的换电时段、引导用户进行有序换电，需考虑以下约束条件：

①每日常规用电的高峰时期出现在每日 9 点至 12 点，为了避免峰上加峰，此时段的换电活动应尽量减少；

②每日晚 18 点至 21 点为下班高峰期，出租车此时段工作量大，车主会尽量避开此时段进行换电；

③大多数车主每日凌晨 2 点至 6 点间处于休息状态，故此时段间换电活动较少。

上述约束条件一方面考虑了出租车司机的行车特点，一方面顾及了电力系统运行的稳定性。基于这些条件，可得有序换电模式（OCM，Ordered Charging Mode），在该模式下，每日换电行为尽量避开每日 2 点至 6 点、9 点至 12 点及 18 点至 21 点。而在由这三个时段隔开的另三个时段，分别进行每日的三次换电，而运营商在换电集中时段给电池充电的活动也更为密集，整个时段分布如图 5-2 所示，假设在每个换电集中时段，每个时点的换电频率在这个时段符合均匀分布。

为了使出租车车主改变换电行为，需要外界激励进行引导，本章假定已有一定外界激励，不对外界激励问题作深入探讨。在此激励下，一部分出租车车主愿意改变自己的换电行为，而另一部分依然维持原有状态（ORCM，Original Charging Mode）。按照愿意改变换电行为的车主占比由 10%到 100%的顺序分成 10 类情景进行细致分析，可得 10 类情境下产生的总用电负荷如图 5-3 所示。

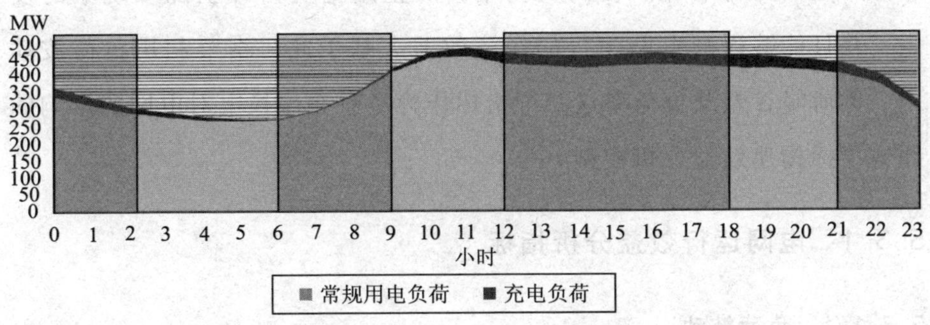

图 5-2　最优有序换电模式下换电活动集中时段

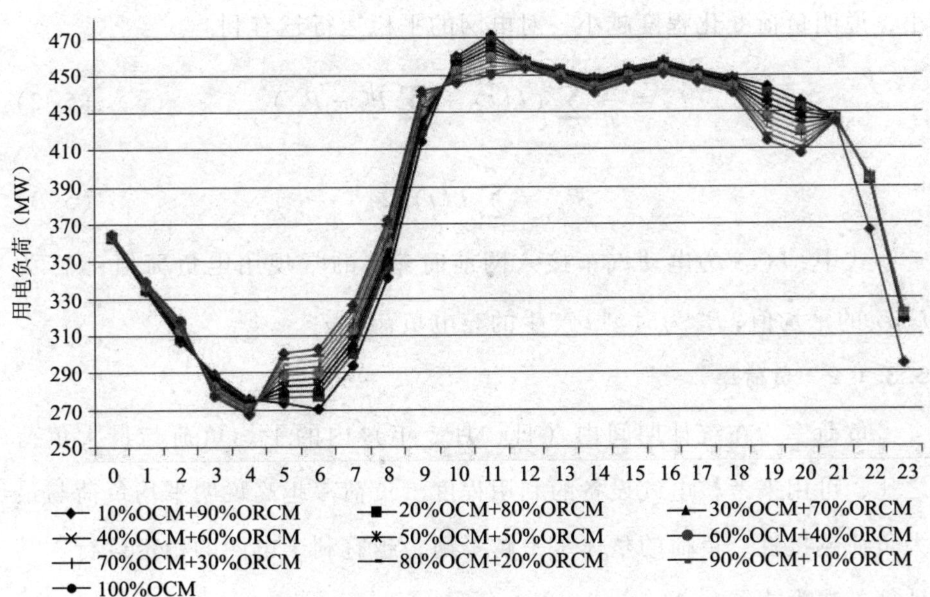

图 5-3　不同比例最优换电模式下总用电负荷分布

5.3 有序换电模式对电网端效益分析模型

针对电动汽车服务网络建设的“十二五”规划指出，有序充电将降低用电负荷峰谷差，提高负荷率，防止用电负荷峰上加峰现象的发生，并且能够提高电网运行的经济效益。基于此，本节利用负荷波动率、负荷峰谷差及负荷率这三个指标作为考察有序换电对电网的影响的评估指标构建效益分析模型。

5.3.1 电网运行效益分析指标

5.3.1.1 负荷波动

表征负荷波动指标的计算方式如式（5-2）所示。负荷波动值越小，说明负荷变化程度越小，对电网的平稳运行越有利。

$$F_1 = \frac{1}{T}\sum_{t=1}^{24}\left(L(t) + \sum P_t^c - P_{av}\right)^2 \tag{5-2}$$

$$P_{av} = \sum_{t=1}^{24} L(t)/24 \tag{5-3}$$

式中，$L(t)$ 为电动汽车接入网前时刻 t 的常规用电负荷值；P_{av} 为 $L(t)$ 的平均值；P_t^c 为时刻 t 产生的充电负荷值。

5.3.1.2 负荷率

负荷率为在统计期间内（日、月、年）内的平均负荷与最大负荷之比，可用来考核电气设备的利用程度。负荷率越高说明平均负荷与最大负荷越接近，负荷的整体水平越平衡，越有利于电网的稳定运行。其计算方法为式（5-4）：

$$F_2 = P'_{av}/\max(L(t)') \tag{5-4}$$

$$L(t)' = L(t) + P_t^c \tag{5-5}$$

式中，$L(t)'$ 为时刻 t 时考虑充电负荷的总用电负荷；P'_{av} 为 $L(t)'$ 的平均值。

5.3.1.3 负荷峰谷差

表征负荷峰谷差指标的计算方式如式（5-6）所示。顾名思义，负荷峰谷差即为负荷的峰值与谷值的差值。峰谷差越小说明负荷整体水平越均衡，越有利于电网运行的稳定性。

$$F_3 = \max L(t)' - \min L(t)' \tag{5-6}$$

式中，$\max L(t)'$ 及 $\min L(t)'$ 分别代表 $L(t)'$ 的峰荷及谷荷。

5.3.2 案例分析

结合 10 种情境下的充电负荷数据，基于式（5-2）、式（5-4）及式（5-6）可分别得负荷波动、负荷率及负荷峰谷差的变化情况，结果如图 5-4 所示。

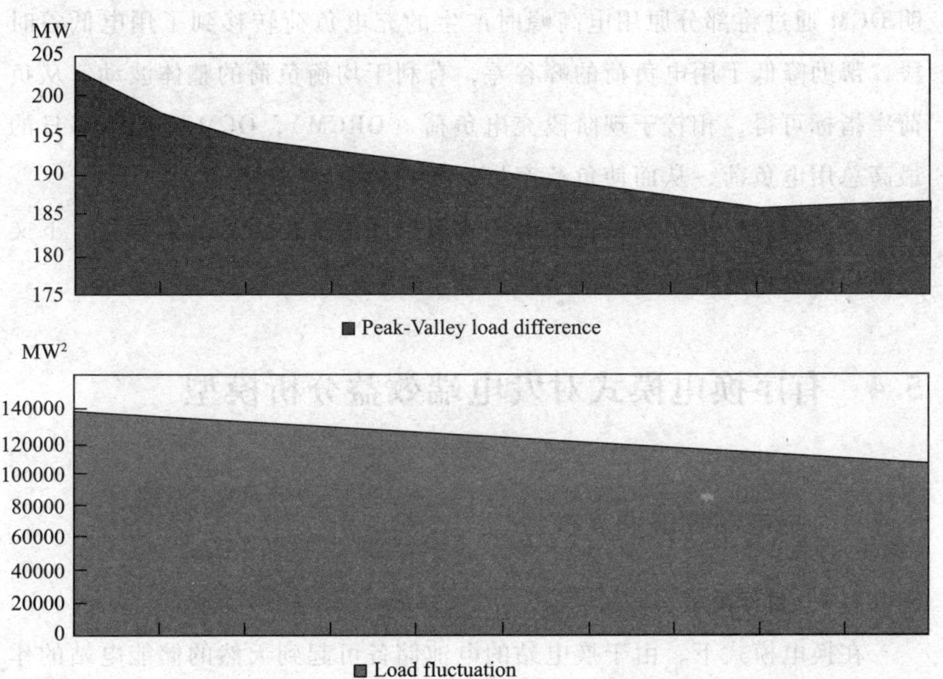

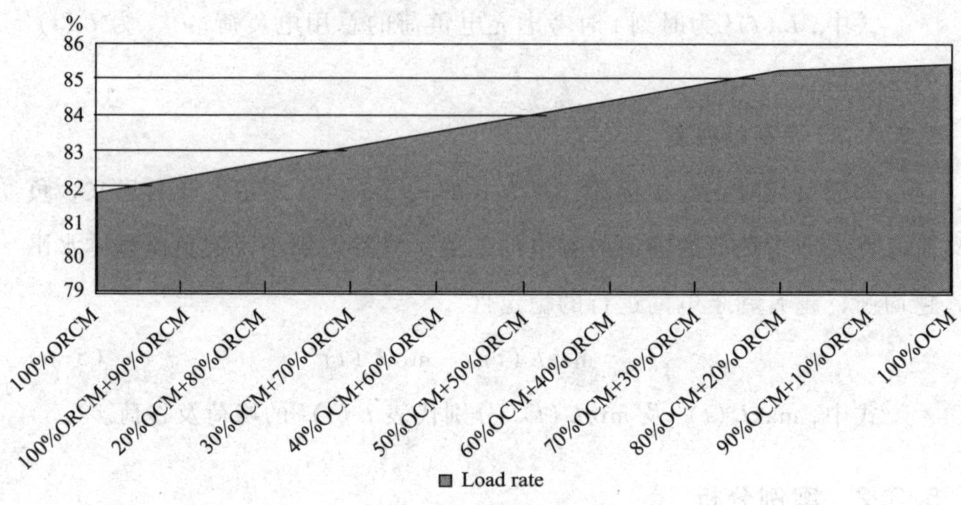

图 5-4 指标评价结果

由图可得，随着越来越多的出租车车主愿意配合优化换电时间段进行换电操作，即有序换电模式（OCM）比重的增大，3 个指标均朝着更优的方向变动，即负荷峰谷差降低、负荷波动减小、负荷率提升。这说明 OCM 通过将部分原用电高峰时产生的充电负荷转移到了用电低谷时段，帮助降低了用电负荷的峰谷差，有利于均衡负荷的整体波动。从负荷率指标可得，相较于现阶段充电负荷（ORCM），OCM 降低了每日的最高总用电负荷，从而使负荷率指标得到提升。

总体而言，提出的最优换电模式对电网的平稳运行会更有利，下文将进一步分析其对发电端的影响。

5.4 有序换电模式对发电端效益分析模型

5.4.1 发电侧经济调度模型

5.4.1.1 目标函数

在换电模式下，由于换电站的电池储备可起到天然的储能电站的作用，因而换电模式与直充模式可起到不同的作用。换电站不仅能满足用户的换电需求，同时由于具有可时刻接入电力系统的电池，它能起到储能设备的作用并给电力系统提供辅助服务，一方面在发电量富余时吸收多余电量，另一方面在用电量紧缺时将储备的电量返还回电网。此外，由于可再生能源发电的间歇性及随机性，其发电往往需要传统电源进行调峰配合。结合换电模式，以风电为例，在风能密集时段采用换电站的储能电池吸收富余的风能，再在用电高峰时基于 B2G（Battery to Grid）技术将收集的电能返回到电网，发挥分布式电源作用，且帮助消纳风电，减少弃风的发生。当换电站达到一定规模、能充分发挥分布式电源的功能时，甚至可替代燃煤发电，从而起到节能减排的作用。

本节首先考察换电行为对发电端节能效益的影响，聚焦对发电成本的作用，从发电端经济调度视角构建模型。经济调度问题是在涉及一些电力系统安全约束的前提下，通过分配发电机组出力以最小成本满足负荷需求的一个基本问题。进一步考察随着换电站规模的扩大，当换电站能承担储能及放电功能时对燃煤发电及可再生能源发电的影响。与上章一致，以燃煤发电成本作为分析的目标函数，如式（5-7）所示。

$$\min F_1 = \sum_{t=1}^{T}\sum_{i=1}^{I}[u_{i,t} f_1(g_{i,t}) p_{coal} + u_{i,t}(1 - u_{i,t-1}) SA_{i,t} + u_{i,t+1}(1 - u_{i,t}) SO_{i,t}] \tag{5-7}$$

式中 $f_1(g_{i,t})$ 为机组 i 在时刻 t 的燃煤发电量，满足式（5-8）；p_{coal} 为机组发电的燃煤价格；$SA_{i,t}$ 为机组 i 在时刻 t 的启动成本；$SO_{i,t}$ 为机组 i 在时刻 t 的停机成本。

$$f_1(g_{i,t}) = a_i + b_i g_{i,t} + c_i g_{i,t}^2 \tag{5-8}$$

式中 a_i，b_i，c_i 为对应的燃煤发电系数。

5.4.1.2 约束条件

从用电平衡、机组技术参数及换电站用电需求三方面确定约束条件。

1. 电力供需平衡

(1) 考虑可再生能源及电池充电

可再生能源以风电为代表，带入约束条件满足下式：

$$\sum_{i=1}^{I} g_{i,t}u_{i,t}(1-\theta_i)+\sum_{w=1}^{M} p_{w,t}(1-\theta_w)=L(t)+p_{c,t} \tag{5-9}$$

(2) 考虑可再生能源、电池储能及充放电

$$\sum_{i=1}^{I} g_{i,t}u_{i,t}(1-\theta_i)+\sum_{w=1}^{M} p_{w,t}(1-\theta_w)+x_{d,t}p_{d,t}(1-\rho_d)$$
$$=L(t)+x_{c,t}p_{c,t}(1+\rho_c) \tag{5-10}$$

式中 $p_{c,t}$，$p_{d,t}$ 分别为换电站在时刻 t 的充电电量及换电电量；$x_{c,t}$ 为 0-1 变量，当 $x_{c,t}=1$ 时，代表换电站电池正在充电，当 $x_{c,t}=0$ 时，换电站电池未在充电；$x_{d,t}$ 也为 0-1 变量，当 $x_{d,t}=1$ 时，代表换电站电池正在放电，而当 $x_{d,t}=0$ 时，代表换电站电池未在放电。

2. 发电机组约束

(1) 发电机组出力约束

$$u_{i,t}g_{i,t}^{\min}\le u_{i,t}g_{i,t}\le u_{i,t}g_{i,t}^{\max} \tag{5-11}$$

(2) 发电机组爬坡约束

$$\Delta g_i^{-}\le g_{i,t}-g_{i,t-1}\le \Delta g_i^{+} \tag{5-12}$$

(3) 发电机组启停机约束

$$\begin{cases}(T_{i,t-1}^{on}-M_i^{on})(u_{i,t-1}-u_{i,t})\ge 0\\(T_{i,t-1}^{off}-M_i^{off})(u_{i,t}-u_{i,t-1})\ge 0\end{cases} \tag{5-13}$$

(4) 系统备用约束

①当发电端由火电机组及风电场构成时

$$\begin{cases}\sum_{i=1}^{I} u_{i,t}(g_{i,t}^{\max}-g_{i,t})(1-\theta_i)\ge R_t^1+R_{w,t}^1\\\sum_{i=1}^{I} u_{i,t}(g_{i,t}-g_{i,t}^{\min})(1-\theta_i)\ge R_{w,t}^2\end{cases} \tag{5-14}$$

其中，$R_t^1 = \lambda \sum_{i=1}^{I} u_{i,t} g_{i,t} (n = 1, 2)$；$R_{w,t}^n = \eta_n \sum_{w=1}^{M} p_{w,t} (n = 1, 2)$

②当发电端由火电机组、风电场及储能电池构成时

$$\begin{cases} \sum_{i=1}^{I} u_{i,t}(g_{i,t}^{\max} - g_{i,t})(1 - \theta_i) \geq R_t^1 + R_{w,t}^1 + R_{d,t}^1 \\ \sum_{i=1}^{I} u_{i,t}(g_{i,t} - g_{i,t}^{\min})(1 - \theta_i) \geq R_{w,t}^2 + R_{d,t}^2 \end{cases} \tag{5-15}$$

其中，$R_t^1 = \lambda \sum_{i=1}^{I} u_{i,t} g_{i,t} (n = 1, 2)$；$R_{w,t}^n = \eta_n \sum_{w=1}^{M} p_{w,t} (n = 1, 2)$；$R_{d,t}^n = \gamma_n p_{d,t} (n = 1, 2)$。

式中，R_t^1 为系统旋转备用容量；$R_{w,t}^1$ 为风电的上旋转备用容量；$R_{w,t}^2$ 为风电的下旋转备用容量；$R_{d,t}^1$ 为电池放电的上旋转备用容量；$R_{d,t}^2$ 为电池放电的下旋转备用容量；λ，η_n，γ_n 分别为对应的备用容量占比。

3. 换电站用电约束

得益于电池的可控性及统一管理，换电站的电池可同时进行充电及放电，发挥其储能设备的作用，参与电力系统的辅助服务。但需注意，同一时刻电池充电及放电的总容量不能超过换电站总的电池容量，此外，换电运营商只有在电动汽车满足了换电需求后才可进行放电，由此可建立以下约束：

（1）电池充放电平衡约束

①只考虑电池充电时，t 时刻站内所有电池的容量应为 $t-1$ 时刻站内电池容量与 $t-1$ 时段充电量之和减去 $t-1$ 时段产生的换电需求，即

$$C_t = C_{t-1} + p_{c,t-1} - p_{c,t-1}^* \tag{5-16}$$

②考虑电池储能及放电，t 时刻站内所有电池的容量应为 $t-1$ 时刻站内电池容量与 $t-1$ 时段充电量之和减去 $t-1$ 时段的放电量及产生的换电需求，即

$$C_t = C_{t-1} - x_{d,t-1} p_{d,t-1} + x_{c,t-1} p_{c,t-1} - p_{c,t-1}^* \tag{5-17}$$

式中 C_t 为 t 时刻站内所有电池的容量；$p^*_{c,\ t}$ 为 t 时刻电动出租车的换电需求容量。

（2）电池容量约束

t 时刻站内所有电池的放电电量及充电电量之和应小于站内电池总容量。

$$x_{d,\ t}p_{d,\ t}+x_{c,\ t}p_{c,\ t}\leq C_{total} \tag{5-18}$$

$$\varpi_{-}C_{total}\leq C_t\leq\varpi^{-}C_{total} \tag{5-19}$$

式中，C_{total} 为站内所有电池的额定总容量；ϖ_{-}、ϖ^{-} 为电池储存容量的上下限极值参数，因为为了保证电动汽车电池的寿命，应防止深度充放电，并且应该满足一部分的余额，所以应设置电动汽车电池剩余容量的上下限约束。

（3）换电需求优先约束

①只考虑电池充电，t 时刻站内电池容量及充电电量应不小于此时段的换电需求，即

$$C_t+p_{c,\ t}\geq p^*_{c,\ t} \tag{5-20}$$

②考虑电池储能及放电，t 时刻站内电池容量及充放电电量余值之和应不小于此时段的换电需求，即

$$C_t-x_{d,\ t}p_{d,\ t}+x_{c,\ t}p_{c,\ t}\geq p^*_{c,\ t} \tag{5-21}$$

5.4.2 案例分析

5.4.2.1 基础数据

根据换电站中电池是否承担放电作用可划分为两类案例，即 Case A 为电池仅进行充电，Case B 为电池既进行充电，又进行放电。本章针对这两类案例，分析在不同 OCM 占比情境下，对发电端燃煤成本及可再生能源发电的不同效益，采用的模型方法如图 5-5 所示。

某省电源结构以燃煤为主，2012 年火电占比达到 70%。为了剖析优化的换电负荷对发电端的影响，以及换电站的储能放电对可再生能源的影响，本节将简化测算电源结构，使其仅由火电及风电构成。根据该市的用电负荷水平，设风电装机容量为 120MW；基于研究报告《大规模新能源对南方电网经济运行影响研究》可得，该省风电的平均等效利用率为 25.6%。设电力系统由 4 台火电机组组成，各机组的技术参数如表 5-1 所示，典型日风电各小时出力符合表 5-2，备用容量参数 λ，η_n，γ_n 赋值 5%。

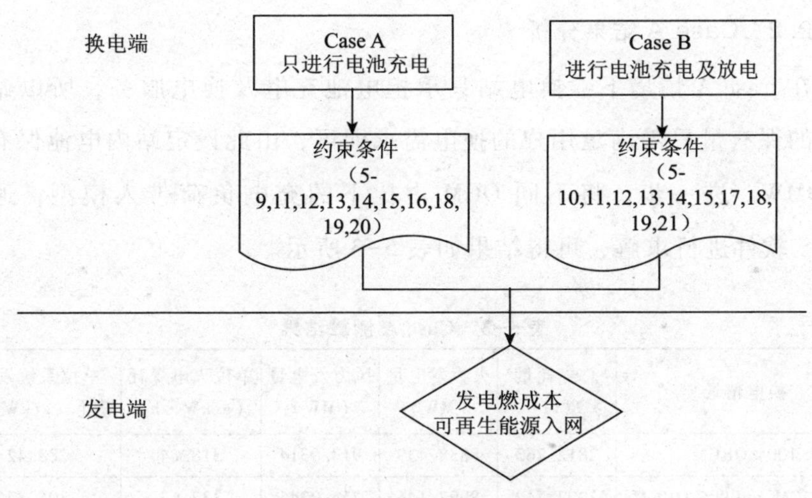

图 5-5 案例研究步骤

表 5-1 火电机组参数列表

Unit	g_i^{min} (MW)	g_i^{max} (MW)	Δg_i^+ (MW)	Δg_i^- (MW)	a_i	b_i	c_i (10^{-5})	M_i^{on} (h)	M_i^{off} (h)	SA_i (t)	SQ_i (t)	θ_i (%)
1#	180	400	180	−180	8.48	0.297	1.84	7	7	19.6	9.8	5.7
2#	150	300	150	−150	6.17	0.308	3.66	5	5	15.4	7.7	7.1
3#	70	150	70	−70	3.54	0.332	4.15	3	3	4.3	2.1	8.3
4#	30	100	50	−50	1.43	0.337	9.01	2	2	2.1	1.1	7.7

表 5-2　典型日风电各时点出力

小时	可得风电量（MW）	小时	可得风电量（MW）	小时	可得风电量（MW）
1	32.4	9	38.4	17	69.6
2	33.6	10	40.8	18	54
3	32.4	11	42	19	43.2
4	34.8	12	46.8	20	33.6
5	33.6	13	49.2	21	27.6
6	36	14	55.2	22	28.8
7	37.2	15	61.2	23	25.2
8	39.6	16	70.8	24	24

5.4.2.2　Case A 结果分析

在 Case A 情境下，换电站只承担电池充电及换电服务，所以站内电池的保有量只需满足用户的换电需求即可，由此设定站内电池保有量为 40MW。进一步，将不同 OCM 占比下的充电负荷带入模型，通过 GAMS 软件进行求解，可得结果如表 5-3 所示。

表 5-3　Case A 测算结果

换电情景	总煤耗量（t）	火力发电量（MW）	风力发电量（MW）	单位火电煤耗（g/kW·h）	单位系统发电煤耗（g/kW·h）
100%ORCM	2812.763	8838.439	913.9314	318.24	288.42
10%OCM and 90%ORCM	2992.712	8997.146	755.2245	332.63	306.87
20%OCM and 80%ORCM	3004.376	8997.146	755.2245	333.93	308.07
30%OCM and 70%ORCM	2796.722	8831.681	920.6891	316.67	286.77
40%OCM and 60%ORCM	2997.834	9006.661	745.7096	332.85	307.40
50%OCM and 50%ORCM	3033.533	9002.383	749.9874	336.97	311.06
60%OCM and 40%ORCM	2760.46	8831.85	920.5198	312.56	283.06
70%OCM and 30%ORCM	2803.947	8835.587	916.7836	317.35	287.51
80%OCM and 20%ORCM	2996.243	8994.442	757.9282	333.12	307.23
90%OCM and 10%ORCM	2752.225	8829.272	923.0978	311.72	282.21
100%OCM	2730.242	8762.37	990	311.59	279.96

从表中可得，随着各情境下 OCM 占比的上升，各指标（包括总煤耗量、火力发电量、风力发电量、单位火电煤耗、单位系统发电煤耗）均呈现不同程度的波动，其中，总煤耗量、火力发电量、单位火电煤耗及单位系统发电煤耗的指标波动趋势相似。当 OCM 占比为 40%时，火电发电量指标可达到最大值，而另外三个指标是当 OCM 占比为 50%时达到最大值。值得注意的是，当 OCM 达到 90%时，四个指标均有大幅度的增长，而当优化换电模式 100%实现时，单位煤耗指标达到最优值。换而言之，当所有的电动出租车司机在外界激励下，均愿意在推荐的换电时段内进行换电时，换电站电池产生的充电负荷可使发电端每日减少约 90 吨煤耗，并且使发电煤耗减少约 7g/kW · h。所以，有序换电模式能提高发电端的效益。

此外也可发现，风电发电量同样呈现出波动，当 OCM 占比为 0%、30%、60%、70%、90%时，风电入网量超过 900MW，而当 OCM 占比为 100%时，所有风电实现满发，而在其他情境下弃风现象较为明显。

总体而言，从模拟结果可看出在某些换电情境下，发电端能减少煤耗及减少弃风现象的发生，但是由于发电端效益随着换电情景的变动而发生波动，所以当电动汽车规模进一步扩大时会难以进行管控及调整。为了更直观地把握电动汽车的发展状况，将进一步扩大电动汽车的保有量为 10000、15000 及 20000 进行模拟。在这些情况下，换电站内电池数量相应增大为刚好满足换电需求，而发电端机组构成及发电容量保持不变。通过模型求解，可得各规模下的总煤耗量、单位煤耗量及风电并网量的变化情况。

图 5-6 及图 5-7 分别展示了不同电动汽车规模下，总火电煤耗及单位煤耗的变化情况。电动汽车保有量的上升带来了更多的换电需求，由此发电量随即上升，总煤耗增高。相反，单位煤耗量随着电动汽车规模的扩张而减小。此外也可发现随着规模的上涨，各情境下的指标波动

情况有所缓解。详细来说，当电动汽车保有量为 10000 辆时，总煤耗指标及单位煤耗指标随着 OCM 比例变化所产生的波动情况得到了明显缓解，当规模上升到 15000 辆及 20000 辆时，指标波动情况消失。

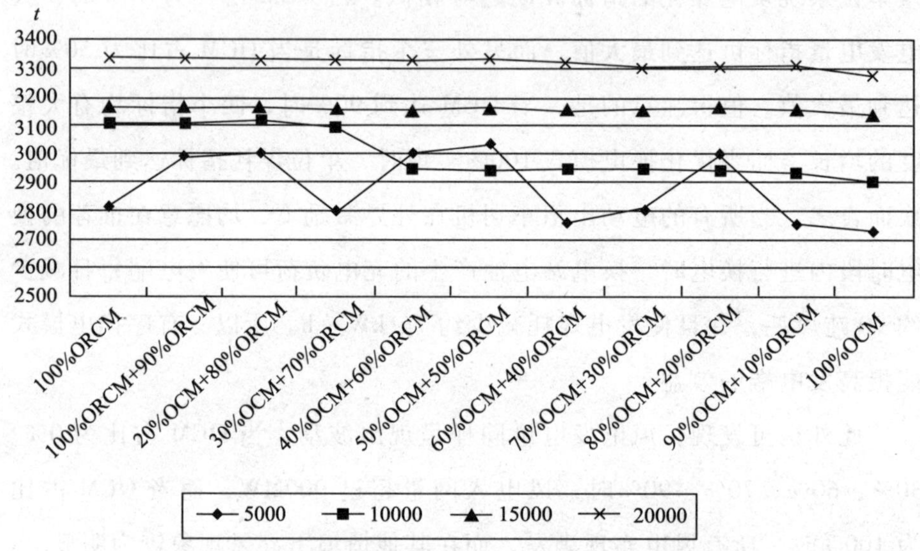

图 5-6 电动汽车不同规模下发电端总煤耗量变化情况

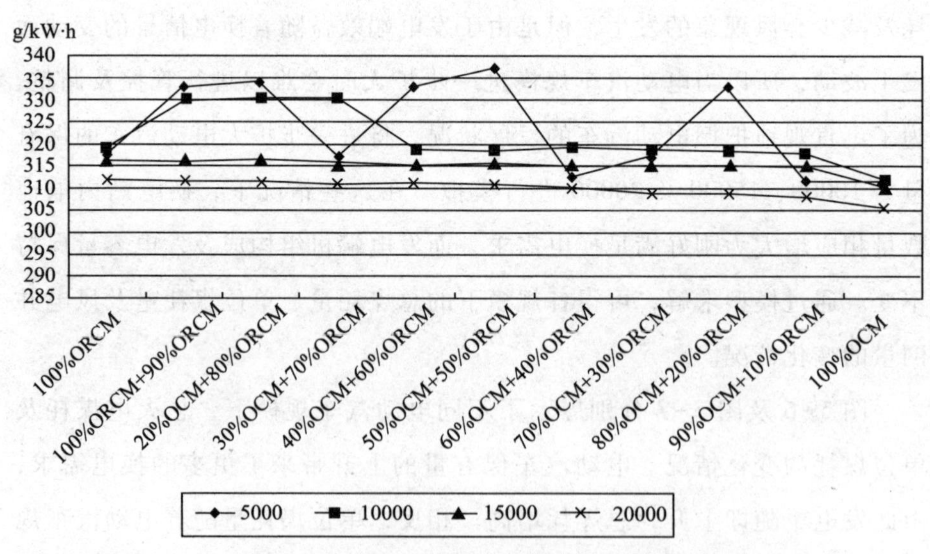

图 5-7 电动汽车不同规模下发电端单位煤耗量变化情况

此外，随着有序换电模式比例的提升，越多的车主愿意在推荐时段内换电能辅助发电端降低煤耗，提高发电效率。图中可见当100%采用有序换电模式时，单位煤耗量会达到最低，这有利于社会整体的节能减排。

同时也能发现在电动汽车规模逐渐扩大及有序换电模式逐渐普及的双重作用下，单位煤耗量持续下降，体现出电动汽车具有一定的规模经济性。

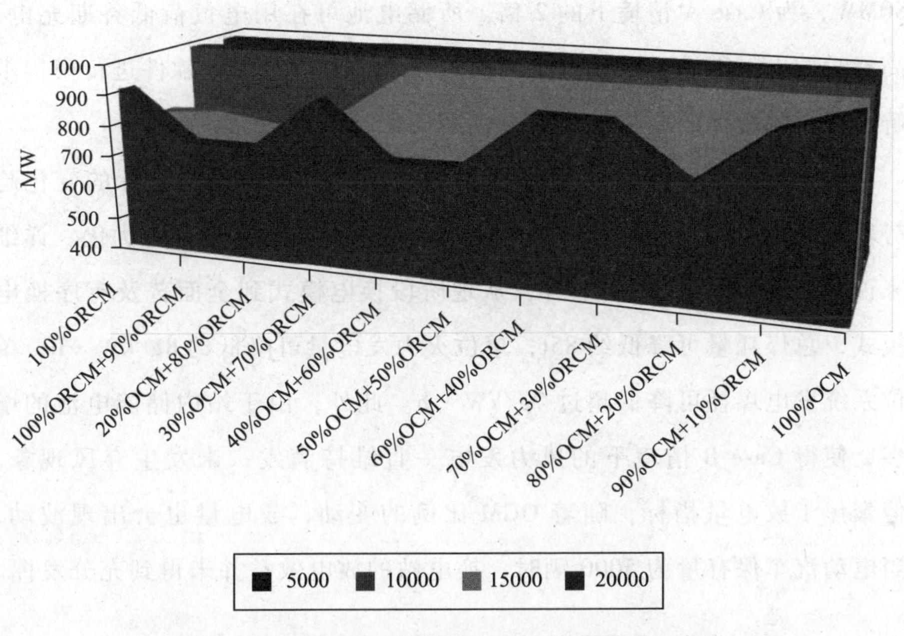

图 5-8 电动汽车不同规模下风电发电量变化情况

图 5-8 展示了随着电动汽车保有量的上升对风力发电的影响。当电动汽车保有量上涨到 15000 辆及以上时，在设定风电装机容量的条件下，风电实现了满发。而当保有量为 5000 辆及 10000 辆时，依然有风电弃风现象发生。但进一步对比保有量为 5000 辆及 10000 辆的情形可发现，在保有量提升及有序换电模式普及的双重作用下，风电弃风现象

逐渐消失。有趣的是，对比图 5-8 及图 5-6 中的波动部分，发现风电变化的波动趋势与煤耗变化的波动趋势恰好相反。即当风电不能满发时，需要燃煤进行发电，这就造成了燃煤量的上涨。风力发电的变化规律恰好解释了另外两指标在电动汽车保有量较低时的波动现象。

5.4.2.3 Case B 结果分析

在 Case B 情境下，换电站将购置更多的电池进行储能及放电服务。考虑到电池成本及合理的富余比例，设换电站内储能电池的总容量为 80MW，为 Case A 情境下的 2 倍。所储电池可在用电负荷低谷期充电，高峰时放电，需满足电动汽车的换电需求。通过 GAMS 软件进行模拟求解，可得各指标的结果如表 5-4 所示。

由表可得，不同于 Case A 所得的结果，Case B 下各指标的变化趋势较为稳定。而且随着有序换电模式的渗入，各指标均有所优化。详细来说，随着 OCM 比例的上升，从现阶段换电模式到全面普及有序换电模式，总煤耗量可降低约 85t，单位火力发电量可降低约 8g/kW · h，单位系统发电煤耗可降低超过 7g/kW · h。此外，由于站内储能电池的增多，使得 Case B 情境下的风力发电一直维持满发，未发生弃风现象。但聚焦于放电量指标，随着 OCM 比例的变动，放电量也会出现波动，当电动汽车保有量为 5000 辆时，换电站的放电效益并未得到充分发挥。

表 5-4 Case B 测算结果

换电情景	总煤耗量（t）	火力发电量（MW）	风力发电量（MW）	单位火电煤耗（g/kW · h）	单位系统发电煤耗（g/kW · h）	电池放电量（MW）
100%ORCM	2791.842	8831.839	990	316.11	284.10	5.2156
10%OCM and 90%ORCM	2765.692	8812.407	990	313.84	281.68	16.04928
20%OCM and 80%ORCM	2766.896	8829.327	990	313.38	281.63	5.2156
30%OCM and 70%OCM	2761.361	8827.845	990	312.80	281.26	0

续表

换电情景	总煤耗量（t）	火力发电量（MW）	风力发电量（MW）	单位火电煤耗（g/kW·h）	单位系统发电煤耗（g/kW·h）	电池放电量（MW）
40%OCM and 60%ORCM	2760.399	8827.373	990	312.71	280.85	11.298
50%OCM and 50%ORCM	2758.919	8827.687	990	312.53	281.02	0
60%OCM and 40%ORCM	2757.489	8828.716	990	312.33	280.84	0
70%OCM and 30%ORCM	2749.706	8829.178	990	311.43	279.85	6.321
80%OCM and 20%ORCM	2739.489	8828.659	990	310.30	278.88	4.587
90%OCM and 10%ORCM	2728.134	8825.359	990	309.12	277.95	0
100%OCM	2706.44	8761.714	990	308.89	276.84	24.369

进一步，将电动汽车的保有量同样扩大到 10000 辆，15000 辆及 20000 辆。分析其对总煤耗量、单位煤耗量及换电站电池放电量的影响，结果分别如图 5-9、图 5-10 及图 5-11 所示。

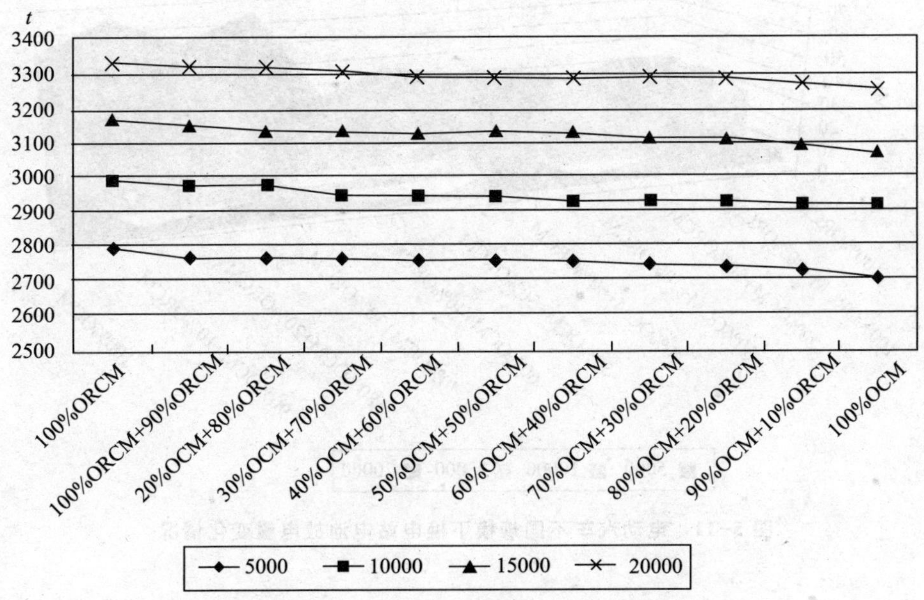

图 5-9　电动汽车不同规模下发电端总煤耗量变化情况

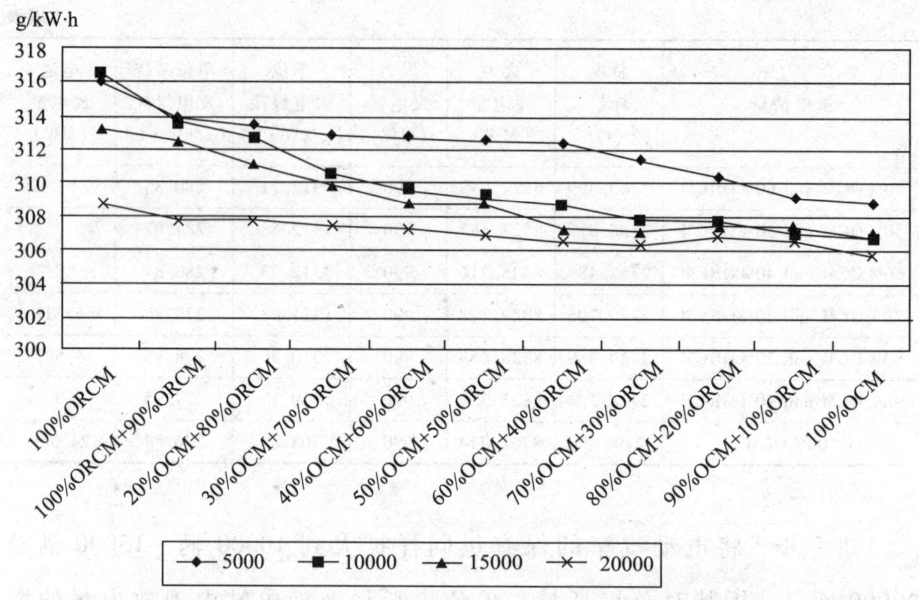

图 5-10 电动汽车不同规模下发电端单位煤耗量变化情况

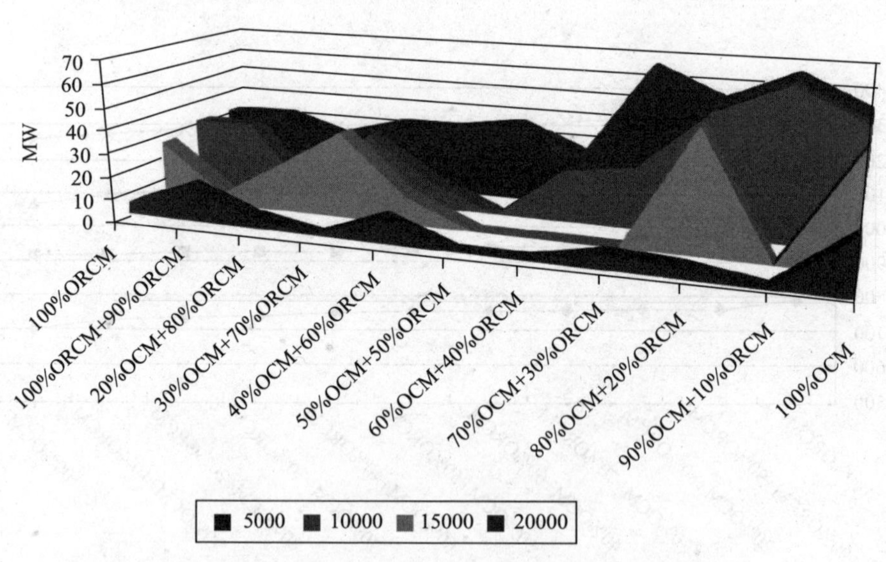

图 5-11 电动汽车不同规模下换电站电池放电量变化情况

由图可得，当电动汽车的规模扩大时，由于换电需求的扩大，会引起发电端发电量的上升，总煤耗量指标随之上升，然而单位煤耗量指标降低，燃煤发电效率得到提高。此外，随着有序换电模式的普及，总煤耗量指标及单位煤耗指标同样得到优化。当 OCM 占比从 0%变至 100%时，电动汽车各规模下总煤耗量均降低约 90t；同时，单位火电煤耗量也会持续降低。当规模为 5000 辆电动出租车时，随着 OCM 比例的提高，单位煤耗量最终可降低约 8g/kW · h。随着电动出租车规模的上升，单位煤耗量的降低较为明显，如当规模为 20000 辆电动出租车时，在实际换电负荷下，即可实现 309 g/kW · h 左右的单位煤耗量，较 5000 辆电动出租车的情况起到了明显的提高发电效率的作用。

图 5-11 为不同电动汽车规模下，随着 OCM 比例的变化，换电站电池放电的变化情况。从图中可得，当电动汽车保有量为 5000 辆时，总放电电量较小，且随着 OCM 比例的变化呈现波动性。随着规模扩大，换电站电池的总放电量有所上升，且在越来越多的时段，通过换电站的电池放电能起到降低燃煤发电成本的作用，换电电站起到了一定的分布式电源作用。在电动汽车规模及有序换电模式的双重作用下，换电站电池的放电更为普遍，且放电量变化趋于稳定。

总体而言，Case B 相较于 Case A 呈现出更明显的稳定性。由于 Case B 情境下，换电站内储备有更多的电池，可以吸收富余电能及可再生能源，所以实现了风力发电满发、弃风现象减少的效益。同时，在此情境下，有序换电模式所能发挥的效益更为明显和可控，随着渗入率的提高，发电端持续降低总煤耗，提高了发电效率。电动汽车规模的增大也能促使有序换电模式的优势进一步体现，且体现出一定的规模经济性。

5.4.2.4 对比分析

为了更清晰地对比 Case A 及 Case B 下换电模式的效益，本节将两者综合起来分析，以每吨 1010 元（南方电网公司，2014）带入计算，可得发电成本如图 5-12、图 5-13 所示。

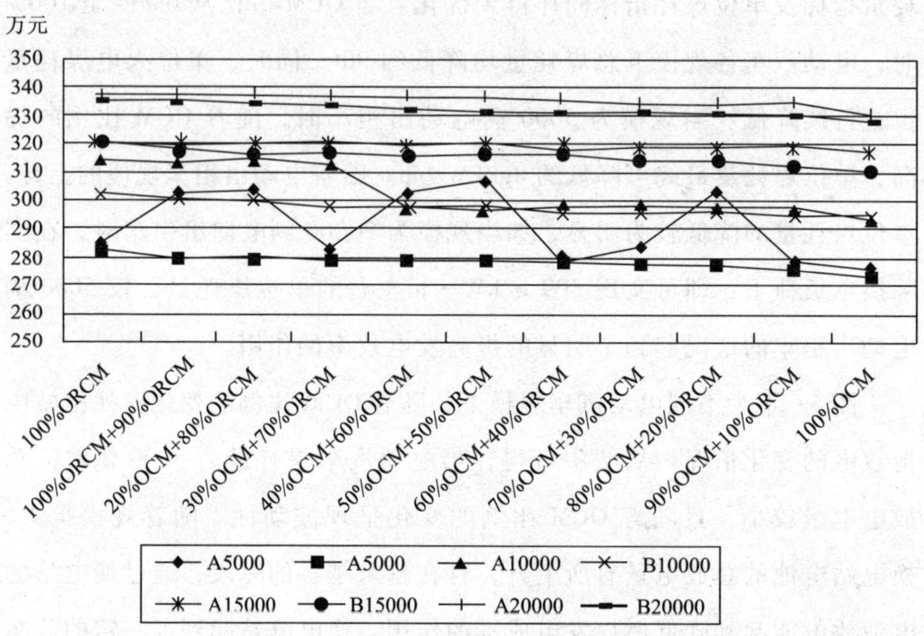

图 5-12　总发电成本对比

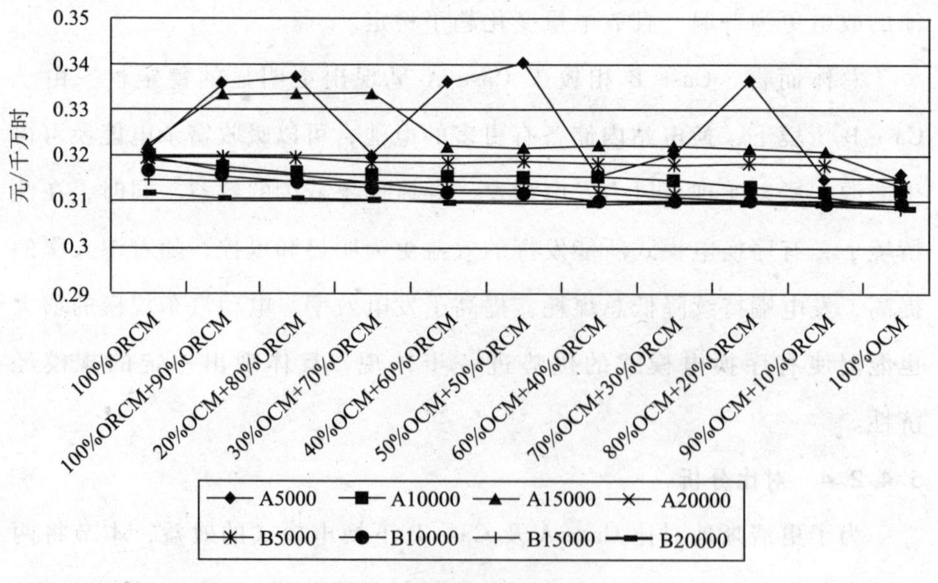

图 5-13　单位发电成本对比

由图 5-12 可得，在不同电动汽车规模下，Case A 的总发电成本始终高于 Case B。而且，随着电动汽车规模的增大，Case A 与 Case B 之间的差距会逐步减小。当电动汽车保有量为 5000 辆及 10000 辆时，由于 Case A 情境下的总发电成本随 OCM 占比不同而出现波动变化，其与 Case B 情境下的发电总成本最高可差别 20 万元，同样，单位发电成本间的差距也呈现波动。当电动汽车保有量达到 15000 辆及以上时，两情境下的差距减小且随 OCM 变化的趋势逐渐趋于稳定。综合来说，当电动汽车规模达到一定值时，换电站内电池储备量的多少影响力减弱，所体现出的差异会随之减小。

总体而言，Case B 所体现的综合效益优于 Case A，即换电站储备更多的电池用于作为储能设备及进行放电能提高发电端的效益，帮助降低总发电煤耗、提高可再生能源发电率、降低单位发电成本、总体提高发电效率。随着电动汽车规模的扩大，Case B 依然保持优势，且放电效益更为显著。值得注意的是，当电动汽车保有量达到一定值时，电池储备量的多少对发电端煤耗的影响敏感度减弱。但在现阶段，大力推广电动汽车的发展、建立大规模换电站及激励电动出租车司机进行有序换电依然具有明显效益。

5.5 本章小结

本章基于某市换电站实地调研的数据，对换电模式下出租车的换电行为及站内充电负荷对电力系统的影响进行了研究。文中提出了有序换电模式，并分析了在不同有序换电模式普及率的情况下，对电网端及发电端带来的效益变化。具体研究过程及结论小结如下：

（1）考虑用电负荷波动及出租车用户充电特征，构建了有序换电

模式

基于某市的实地调研数据可得，现阶段换电站产生的充电负荷使得用电负荷出现了峰上加峰现象，加大了负荷峰平段时电网的运行压力。由此，以避开负荷高峰段、避开电动出租车运营密集期及避开电动出租车车主休息期为原则，对换电站的充电负荷进行了优化，提出了有序换电模式。

（2）有序换电模式有助于提高电网运行效益

从电网端视角，更多的司机愿意遵循有序换电模式将使站内产生的充电负荷起到削峰填谷作用，提高用电低谷时的用电量，降低用电高峰时的用电量，降低用电负荷峰谷差，减小负荷波动，提高负荷率。

（3）有序换电模式、电动出租车保有量及换电站业务共同影响发电端的节能减排效益

当电动汽车规模较小时（小于10000辆），换电站只进行充电及换电服务难以保障节能减排效益，但换电站内储备更多的电池提供储能及放电服务能显著降低总发电成本及单位煤耗量，提高可再生能源入网率，并且车主执行有序换电模式的效益也更为明显。

当电动汽车规模较大时，发电端节能减排效益受换电站不同业务影响的区别会减小。在执行放电条件下，换电站能实现更明显的放电效益，起到一定的分布式电源作用。并且，随着有序换电模式的普及，对发电端的效益将进一步提升，但提升速度会放缓。

总体而言，在换电模式下，电动汽车的推广对电力系统具有规模经济性。现阶段，我国电动汽车保有率较低，但是发展的推力加剧，尤其是公共交通领域。换电模式作为一种电池集中管理、换电耗时短及储能方便的模式具有发展前景，且引导车主进行有序换电所能实现的效益也更为明显。

第 6 章　基于需求端的换电模式运营经济性分析模型

6.1　直充模式与换电模式对比分析

6.1.1　换电模式竞争优势分析

现阶段，我国正大力推广电动汽车的发展，对电动汽车基础设施建设的支撑政策持续出台，并且全国大部分省市已完成充电站的建设投产。直充模式与换电模式是现阶段为电动出租车供能的主要方式，结合上文分析，可得出相较于直充模式，换电模式具有以下优势：

（1）换电模式可降低用户购车成本，且具有服务便捷性

电动汽车整车购置费用高、充电耗时长给直充模式的推广制造了困难。电池是电动汽车价格居高不下的重要原因，在直充模式下，电池与车体结合，用户需要承担包括电池在内的整车价格，这使得与同档燃油车相比竞争力削弱。然而，在换电模式下，运营商统一购置电池，对电池进行充电管理，直接减小了用户的购车成本，并且更换电池从入站、更换到出站前后耗时仅需 5 分钟，节约了用户的充电时间，这与燃油车加油相比具有竞争力。

（2）换电模式实现了对电池的统一管理，可同时进行充放电操作

受到电动出租车运行时间长、停靠时间短的运行特性的约束，直充模式仅能在有限的时间里完成对电动出租车的充电操作，难以进行放电；然而，换电站的充放电过程与用户的换电需求保持了一定的独立性，通过控制站内电池储量既可以实现充放电的合理协调，又能保障用户的换电需求。

(3) 换电模式较直充模式相比提高了供能端发电效率及清洁性

基于第 4 章及第 5 章的分析可得，有序充电模式及有序换电模式在原实际充换电负荷的基础上均降低了发电端的单位发电煤耗，提高了清洁能源的入网率。然而对比这两种模式可得，换电模式实现的效益提高率更明显，如表 6-1 所示。由于在对两种模式的分析中涉及的常规用电负荷、机组构成有差异，所以此处不以指标绝对值作为对比对象，而选择以指标变化率作为比较对象。从表中可看出，相对于原始负荷条件下产生的单位火电煤耗，在直充模式下优化后的负荷可降低 1.09%，而换电模式可降低 2.28%；此外，直充模式下经过充电负荷优化后，虽然风电入网量提高了 0.69%，但仍然存在弃风现象，而在换电模式下，当考虑储能及放电条件时，风力发电可实现全部入网。由此，对于换电模式的优化效益将更为明显。

总的来说，相对于直充模式，换电模式具有竞争力及发展潜力。

表 6-1 直充及换电模式对发电端的影响对比

	直充模式			换电模式		
	原始负荷	优化负荷	效益提高率	原始负荷	优化负荷	效益提高率
单位火电煤耗 (g/kW·h)	309.8067	306.4238	1.09%	316.11	308.89	2.28%
风电发电量 (MW)	3586.957	3611.789	0.69%	990（满发）	990（满发）	0

6.1.2 换电模式发展瓶颈分析

换电模式要顺利开展首先需要运营商获得大量电池从而进行充电及更换，这比直充模式的开展更复杂，前期的投入成本将更大，这明显提高了运营商的投入成本，也成为了阻碍换电模式大规模开展的一个难题。换电模式的潜力正逐步被挖掘，然而，如何使换电模式实现经济效益、保持持续发展是亟待解决的问题。曾大力实践换电模式的 Better Place 公司在创新换电业务开展时遇到发展难题，我国各省开展的换电池业务同样面临亏损困局。在此情况下，从经济性的角度挖掘换电模式的运营方式显得尤为重要。

在换电模式下，运营商会发挥重要作用，它是连接电力系统及电动汽车用户的纽带，是换电模式能顺利开展的关键。不同于直充模式，它是充电行为的直接执行者，与电动汽车用户一起构成了此模式的需求端。一方面，换电站需进行充电，满足用户的换电需求；另一方面，它也可进行放电，帮助电力系统进行调峰工作，通过这些途径，换电站可获取收益以平衡前期的投入。

本章将着眼于运营商及用户，以经济性分析为手段剖析换电模式能顺利开展的支撑条件。一方面，考虑运营商的角色担当者及可行的运营模式，从成本及收益角度建立利益分析模型，求得开展换电服务的边际收益条件；另一方面，从用户角度考虑换电模式相对于直充模式及燃油车的竞争性，构建成本分析模型，求得接受换电服务的边际成本条件。从而进一步获得他们之间的平衡点，以协调两者之间的利益，促进换电模式的顺利开展。

6.2 运营商经济性分析模型[①]

6.2.1 换电服务潜在运营模式

6.2.1.1 潜在运营商

为了开展换电租赁业务，充足的电池、充电电能及运营场所是运营商不可缺少的关键要素。从要素的所有者确定潜在运营商可得，电池制造商、电网企业、石油石化企业具有开展电动汽车换电服务的先天优势。对于电池制造商，他们具有开展此项业务的核心组件。由于现阶段电池成本较高，电池制造商开展此业务时可基于电池成本价，这相较于其他企业具有显著竞争力；对于电网企业，在计量换电服务产生的电费时，可基于输配电价或按照用电低谷电价计算，在电量成本方面具有优势；对于石油石化企业，他们已在全国布局了大规模的加油站，节省了充换电站前期建设的用地审批程序及建设成本等，同样具有发展前景。

6.2.1.2 潜在运营模式

换电服务的基础运营模式即运营商向用户提供统一标准的充电电池，当用户将电池电量耗完时，可直接回到换电站或配送站更换新充满的电池，用户无需承担电池购置费及运维费（未对电池造成人为或事故损坏）。运营商获取电池的方式可以划分为直接购置电池及从销售商处租赁电池。基于运营商获取电池的差异化方式可进一步将运营模式细分，结合不同的潜在运营商，本章主要对以下五种模式的经济性进行分析对比。

A_1——电网公司担任主要运营商。从电池经销商处购买电池，对电

① 本章 6. 2—6. 4 部分内容发表于：Zhang Xingping，Rao Rao. A benefit analysis of electric vehicle battery swapping and leasing modes in China［J］. Emerging Markets Finance and Trade，2016，6（52）：1414-1426.

池进行充电及运营维护，享受电池的梯次使用收益，需承担充换电站的征地成本及建设成本。

A_2——电网公司担任主要运营商。从电池经销商处租赁电池，对电池进行充电，并提供给用户使用。不承担电池的运营维护成本，电池淘汰后交还经销商，不享受电池的梯次使用收益。需承担充换电站的征地成本及建设成本。

B——电池制造商担任主要运营商。对电池进行充电，并提供给用户使用。承担电池的运营维护成本，享受电池的梯次使用收益。需承担充换电站的征地成本及建设成本。

C_1——石油石化企业担任主要运营商。从电池经销商处购买电池，对电池进行充电及运营维护，享受电池的梯次使用收益。运营场所基于已有的加油站改建，不承担充换电站的征地成本，但承担改建成本。

C_2——石油石化企业担任主要运营商。从电池经销商处租赁电池，对电池进行充电，并提供给用户使用。不承担电池的运营维护成本，电池淘汰后交还经销商，不享受电池的梯次使用收益。不承担充换电站的征地成本，但承担改建成本。

6.2.2 运营商投资成本分析模型

虽然，相较于用户私家充电，电池换电运营商能享受较低的电池价格及用电电价，但开展换电租赁服务仍需要大量的前期投资以用于支付电池的购置费或租赁费、土地使用成本、充换电站建设成本、电池运维费用及充电电费。同时，运营商不能向用户收取过高的换电服务费，否则用户宁愿选择在家充电或选择传统燃油车。另一方面，换电运营商除了用户收益外，还可从其他渠道获取收益。V2G 技术可帮助运营商将过剩的电能接入电网，帮助缓解用电高峰的压力，或辅助新能源入网，从而获得辅助服务收益。此外，电动汽车的电池使用要求为当电池容量降为额定容量的70%时不能再使用。然而，这样的电池可以在其他领域实现梯次利用，如可再生能源发电的储能设备或工业用电储能设备等。所以，电池的梯次利用成本也是运营商收回投资的渠道之一。

基于投资回收角度，构建运营商开展换电租赁服务的投资成本分析模型为：

$$A_1\text{模式}: R_{2,A_1} + E_{recycle} - C^*_{\text{electricity}} - C_{construction} - C_{battery} - C_{repair} - C_{service,A_1} > 0 \tag{6-1}$$

$$A_2\text{模式}: R_{2,A_2} - C_{construction} - C^*_{electricity} - R_1 - C_{service,A_2} > 0 \tag{6-2}$$

$$B\text{模式}: R_{2,B} + E_{V2G} + E_{recycle} - C_{construction} - C_{electricity} - C^*_{baterry} - C_{repair} - C_{service,B} > 0 \tag{6-3}$$

$$C_1\text{模式}: R_{2,C_1} + E_{V2G} + E_{recycle} - C_{battery} - C_{repair} - C_{electricity} - C^*_{construction} - C_{service,C_1} > 0 \tag{6-4}$$

$$C_2\text{模式}: R_{2,C_2} + E_{V2G} - R_1 - C^*_{construction} - C_{electricity} - C_{service,C_2} > 0 \tag{6-5}$$

式中，R_{2,A_1}，R_{2,A_2}，$R_{2,B}$，R_{2,C_1}，R_{2,C_2} 指运营商分别从用户处收取的总换电服务费。

$$R_{2,i} = x_i q + \frac{x_i q}{1+\alpha} + \frac{x_i q}{(1+\alpha)^2} + \cdots + \frac{x_i q}{(1+\alpha)^{t-1}} = x_i q \frac{(1+\alpha)^t - 1}{\alpha(1+\alpha)^{t-1}} \tag{6-6}$$

式中，i 代表商业模式 A_1，A_2，B，C_1，C_2；x_{A_1}，x_{A_2}，x_B，x_{C_1}，x_{C_2} 为单位服务费（元/kW · h）；α 为折现率；q 为单辆电动汽车一年总充电电量（kW · h）。

$$q = hsq_6 \tag{6-7}$$

式中，h 代表电能效率（kW · h/km），s 代表每年平均行驶里程（km），q_6 代表选择换电租赁模式的用户数量。

针对充电电价，电力企业与非电力企业之间存在差别，前者采用输配电价，后者采用销售电价，总充电支出满足：

$$C^*_{electricity} = p^*_4 q_4 + \frac{p^*_4 q_4}{1+\alpha} + \frac{p^*_4 q_4}{(1+\alpha)^2} + \cdots + \frac{p^*_4 q_4}{(1+\alpha)^{t-1}}$$
$$= p^*_4 q_4 \frac{(1+\alpha)^t - 1}{\alpha(1+\alpha)^{t-1}} \tag{6-8}$$

$$C_{electricity} = p_4 q_4 + \frac{p_4 q_4}{1+\alpha} + \frac{p_4 q_4}{(1+\alpha)^2} + \cdots + \frac{p_4 q_4}{(1+\alpha)^{t-1}}$$
$$= p_4 q_4 \frac{(1+\alpha)^t - 1}{\alpha(1+\alpha)^{t-1}} \tag{6-9}$$

式中，$C_{electricity}$ 表示非电力企业电量支出；$C^*_{electricity}$ 表示电力企业电量支出；p_4，p^*_4 分别表示非电力企业及电力企业承担的单位电价（元/kW · h）；q_4 是一年电池充电总量（kW · h）。

$$C_{battery} = p_1 q_1 \tag{6-10}$$

$$R_1 = t p_2 q_1 \tag{6-11}$$

式中，$C_{battery}$ 指电池购置费用；R_1 指运营商每年付给经销商的电池租赁费用；p_1 为电池销售单价（元/组）；p_2 为运营商每年支付给电池经销商的租金（元/组 · 年）；q_1 为运营商从电池经销商处购买或租赁的电池组数（组），基于国家电网公司杭州电力公司开展换电业务的实际经验，每辆电动汽车配备 4 组电池。进一步，可确定所需电池数量：

$$q_1 = (1+\beta) \times 4q_6 \tag{6-12}$$

式中，β 为电池备用比例。

$$C_{construction} = p_{station,\ 1} q_2 + p_{station,\ 2} q_3 + p_{land,\ 1} q_2 + p_{land,\ 2} q_3 \tag{6-13}$$

$$C^*_{construction} = p_{station,\ 1} q_2 + p_{station,\ 2} q_3 \tag{6-14}$$

式中，$C_{construction}$ 及 $C^*_{construction}$ 分别代表非石油石化企业及石油石化企业需承担的建设成本；$p_{station,\ 1}$ 及 $p_{station,\ 2}$ 分别为建设集中充电站及电池配送站所需的设备费；$p_{land,\ 1}$ 及 $p_{land,\ 2}$ 分别为征用土地建设集中充电站及电池配送站所需的土地征用单价（元/m²）；q_2 及 q_3 分别代表集中充电站及电池配送站的数量（座）。

$$C_{repair}=\frac{p_3}{1+\alpha}+\frac{p_3}{(1+\alpha)^2}+\cdots+\frac{p_3}{(1+\alpha)^t}$$
$$=p_3\frac{(1+\alpha)^t-1}{\alpha(1+\alpha)^t} \tag{6-15}$$

式中，C_{repair} 为电池总运维成本（元）；p_3 为电池年维护成本（元/年）。

换电服务费 $C_{service}$ 为用户支付给换电运营商的必要费用，用以负担人工成本及必要的收益，此费用按总投资的合理比例 λ 收取，即：

$$C_{service,\ A_1}=\lambda(C^*_{electricity}+C_{construction}+C_{battery}+C_{repair}) \tag{6-16}$$

$$C_{service,\ A_2}=\lambda(C_{construction}+C^*_{electricity}+R_1) \tag{6-17}$$

$$C_{service,\ B}=\lambda(C_{construction}+C_{electricity}+C^*_{batterry}+C_{repair}) \tag{6-18}$$

$$C_{service,\ C_1}=\lambda(C_{battery}+C_{repair}+C_{electricity}+C^*_{construction}) \tag{6-19}$$

$$C_{service,\ C_2}=\lambda(C_{electricity}+C^*_{construction}+R_1) \tag{6-20}$$

E_{V2G} 为运营商通过 V2G 技术获取的电池放电收益，其满足：

$$E_{V2G}=p_5q_5+\frac{p_5q_5}{1+\alpha}+\frac{p_5q_5}{(1+\alpha)^2}+\cdots+\frac{p_5q_5}{(1+\alpha)^{t-1}}=\sigma\eta C_{electricity} \tag{6-21}$$

式中，p_5 为电池放电电价（元/kW·h）；q_5 为每年总放电电量（kW·h）。由于我国还未开展电动汽车的放电业务，故本章设定充电电价及放电电价之间的比例关系为 σ，充电电量及放电电量之间的比例关系为 η，即

$$p_5=\sigma p_4 \tag{6-22}$$

$$p_5=\eta q_4 \tag{6-23}$$

$$E_{recycle} = \frac{C'_{battery}}{(1+\alpha)^t} = \frac{p'_1 q_1}{(1+\alpha)^t} \tag{6-24}$$

式中，$C'_{batterry}$ 为电池淘汰时的剩余价值（元），p'_1 为电池淘汰时梯次利用售价（元/组）。

6.2.3 运营商边际收益分析模型

基于以上运营商开展换电服务的投资成本分析模型，可得运营商开展此项服务对用户租金的最低要求，以此作为运营商开展换电租赁服务的边际收益条件，其计算模型为：

$$x_{A_1} > (1+\lambda)\left[\frac{p_4^*}{1-\eta} + \frac{\alpha(1+\alpha)^{t-1}}{hsq_6[(1+\alpha)^t - 1]}(C_{construction} + 4\beta p_1 q_6) + \frac{p_3}{hsq_6(1+\alpha)}\right] - \frac{4\alpha\beta p'_1}{hs(1+\alpha)[(1+\alpha)^t - 1]} \tag{6-25}$$

$$x_{A_2} > (1+\lambda)\left\{\frac{\alpha(1+\alpha)^{t-1}}{hsq_6[(1+\alpha)^t - 1]}(C_{construction} + 4\beta t p_2 q_6) + \frac{p_4^*}{1-\eta}\right\} \tag{6-26}$$

$$x_B > (1+\lambda)\left[\frac{\alpha(1+\alpha)^{t-1}}{hsq_6[(1+\alpha)^t - 1]}(C_{construction} + 4\beta p_1^* q_6) + \frac{p_4}{1-\eta} + \frac{p_3}{hsq_6(1+\alpha)}\right] - \frac{\sigma\eta p_4}{1-\eta} - \frac{4\alpha\beta p'_1}{hs(1+\alpha)[(1+\alpha)^t - 1]} \tag{6-27}$$

$$x_{C_1} > (1+\lambda)\left[\frac{\alpha(1+\alpha)^{t-1}}{hsq_6[(1+\alpha)^t - 1]}(4\beta p_1 q_6 + C^*_{construction}) + \frac{p_4}{1-\eta} + \frac{p_3}{hsq_6(1+\alpha)}\right] - \frac{\sigma\eta p_4}{1-\eta} - \frac{4\alpha\beta p'_1}{hs(1+\alpha)[(1+\alpha)^t - 1]} \tag{6-28}$$

$$x_{C_2} > (1+\lambda)\left[\frac{\alpha(1+\alpha)^{t-1}}{hsq_6[(1+\alpha)^t-1]}(4t\beta p_2 q_6 + C^*_{construction}) + \frac{p_4}{1-\eta}\right] - \frac{\sigma\eta p_4}{1-\eta} \tag{6-29}$$

6.3 用户经济性分析模型

6.3.1 用户充电费用分析模型

从用户的角度出发，如果他们选择燃油车或整车充电的方式能花费更少的费用，他们便不会倾向于选择换电服务。所以，促使用户选择换电服务的前提条件是全寿命周期其花费的成本要低于选择燃油车或整车充电产生的成本。一般而言，用户所需承担的总费用包括车辆购置费（包含车辆保险费）、能量费及运维费用。由此可构建用户充电费用分析模型为：

$$C_{EV,1} + R_2 + C_{repair,2} < C_{ICV} + C_{gas} + C_{repair,3} \tag{6-30}$$

$$C_{EV,1} + R_2 + C_{repair,2} < C_{EV,2} + C'_{electricity} + C_{repair,4} \tag{6-31}$$

式中，$C_{EV,1}$，$C_{EV,2}$ 及 C_{ICV} 分别代表购买裸车（不含电池）、整车及燃油车的购置费；$C'_{electricity}$ 为采用在家充电、直充站充电及采用公用充电桩充电的电动汽车用户所花费的电费；C_{gas} 为燃油车用户年加油费；$C_{repair,2}$，$C_{repair,3}$ 及 $C_{repair,4}$ 为裸车、整车及燃油车的年运维费用。电动汽车的运维费用由两部分组成，即电池的运维费及其他零部件的运维费。购买裸车并选择换电服务的用户只需承担其他零部件的运维费，而购买整车的电动汽车用户需要承担全部的运维费用。由于车辆的受损程度随驾驶习惯的变化而存在差异，包括驾驶频率、行驶距离及操作规范等，故本章讨论的运维费只包含日常的车辆运维保养，不考虑由于事故产生的额外运维费用。

进一步，考虑这三类车的使用寿命存在差异，故将全寿命总费用对比转化为年费用作对比，则需满足：

$$\frac{C_{EV,1}}{L_{EV,1}} + r_2 + c_{repair,2} < \frac{C_{ICV}}{L_{ICV}} + c_{gas} + c_{repair,3} \tag{6-32}$$

$$\frac{C_{EV,1}}{L_{EV,1}} + r_2 + c_{repair,2} < \frac{C_{EV,2}}{L_{EV,2}} + c'_{electricity} + c_{repair,4} \tag{6-33}$$

式中，$L_{EV,1}$，$L_{EV,2}$ 及 L_{ICV} 为裸车、整车及燃油车的使用年限；r_2，$c'_{electricity}$，c_{gas}，$c_{repaire,2}$，$c_{repaire,3}$，$c_{repaire,4}$ 为对应 R_2，$C'_{electricity}$，C_{gas}，$C_{repair,2}$，$C_{repair,3}$ 及 $C_{repair,4}$ 的年费用。

6.3.1.1 电动汽车裸车及燃油车的差异分析

关于电动汽车及燃油车的价格对比并未形成统一的标准。Li（2011）在其的研究中提出以车辆重量作为标尺，并且在车重相同的前提下，除了引擎之外的其他零部件费用及车体的装饰费用相对较少，可忽略不计。基于 Li（2011）的研究，车重及发动机成本之间的关系为：

$$C'_{EV,1} = 37.625W_{vehicle} - 21348.65 \tag{6-34}$$

$$C'_{ICV} = 45.48W_{vehicle} - 36725.7 \tag{6-35}$$

式中，$C'_{EV,1}$ 及 C'_{ICV} 分别为电动汽车裸车及燃油车的发动机成本（元），$W_{vehicle}$ 为车体重量（kg）。

由此，电动汽车裸车及燃油车的发动机成本差异为：

$$\Delta C'_{vehicle} = C'_{EV,1} - C'_{ICV} = 15377 - 7.855W_{vehicle} \tag{6-36}$$

进一步，燃油车的销售价格与车重的关系可拟合为 Li（2011）：

$$C_{ICV} = 303.2W_{vehicle} - 244838 \tag{6-37}$$

车辆的购置成本包括车辆销售价格（含消费税）、车辆购置税、车船税、车险费用及其他杂费。根据我国对新能源汽车的财政补贴政策，电动汽车可在购置费及税费上享受优惠。2012 年 5 月，我国财政部、国家税务总局及工信部联合发布自 2012 年起，采用新能源的汽车减免车船税；在新能源汽车方面，2011—2020 年间，购买纯电动汽车、插电式混合动力汽车将免征车辆购置税；根据《财政部、国家税务总局关于调整和完善消费税政策的通知》（财税［2006］33 号）中明确规定："汽车（税目）是指由动力驱动，具有四个或四个以上车轮的非轨道承载的车辆。电动汽车不属于本税目征收范围。"由此可见，生产厂家制造电动汽车不需要申报缴纳消费税。

车船税的征收额以车辆排放量为依据，以北京市的车船税为例，其车船税的费用额与车辆的排放量间的关系如图 6-1 所示。总的来说，消费税、车船税及车辆购置税的总额约占车辆单价的 15%。

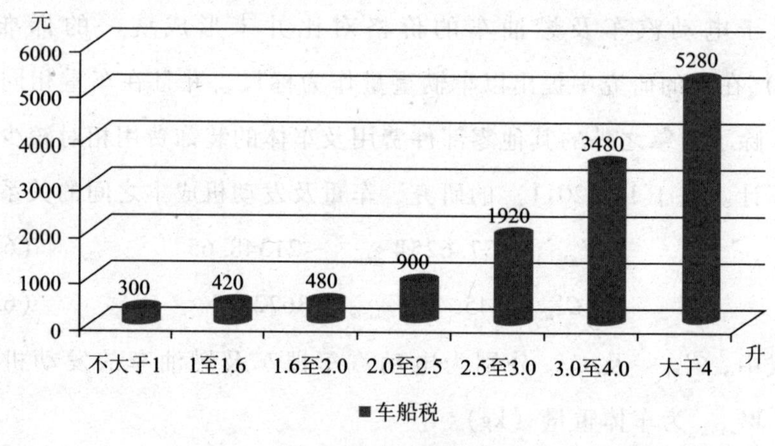

图 6-1 车船税标准

除此之外，考虑到电动汽车裸车及燃油车间的保险费及其他杂费相差不大，本章设两者的车险费用一致。考虑到成本价格与销售价格的差别，设成本价格为销售价格的 50%，则可粗略估计 ICV 和 EV 裸车的售价差价满足：

$$\Delta C_{vehicle} = C_{EV,1} - (1 - 15\%) C_{ICV} = 2\Delta C'_{vehicle}$$
$$= 30754 - 15.71 W_{vehicle} \tag{6-38}$$

则电动汽车裸车的售价满足:

$$C_{EV,1} = (1 - 15\%) C_{ICV} + 2\Delta C'_{vehicle}$$
$$= 242.01 W_{vehicle} - 177358.3 \tag{6-39}$$

6.3.1.2 电动汽车裸车及电动汽车整车的差异分析

根据采用换电服务的用户需要的电池数量为 4 组，则购买整车的用户需要承担此部分电池费用，并且电池的购买价格要高出运营商的购买价格，设为后者的 1.5 倍。则购买电动汽车整车的用户需承担的购置费用为:

$$C_{EV,2} = C_{EV,1} + 1.5 \times 4p_1$$
$$= 242.01 W_{vehicle} + 6p_1 - 177358.3 \tag{6-40}$$

6.3.1.3 能量费及其他费用的差异分析

对于购买裸车的用户而言，其能量费即为支付给运营商的换电服务费 r_2；对于购买整车采用直充模式的用户，由于直充站充电耗时较长，假定该类用户主要采用夜间家庭充电方式，则其能量费用为充电电费 $c'_{electricity}$；对于燃油车用户，其能量费为每年的总油费，则

$$r_2 = xhs \tag{6-41}$$

$$c_{gas} = sgp_{gas} \tag{6-42}$$

$$c'_{electricity} = hsp'_4 \tag{6-43}$$

式中, x 为年租金（元/kWh · 年）; g 为燃油车的能量消耗率（L/km）; p_{gas} 为汽油销售价格（元/L）; p'_4 为用户承担的在家充电电价（元/kW · h）。

6.3.2 用户边际成本分析模型

基于式（6-30）至式（6-43）可得，用户接受换电服务的边际成

本条件可构建模型，如（式 6-44）所示，从用户的角度，只有支付的租金小于一定值时，用户才会选择换电服务。

$$x < \frac{1}{hs}\min\left\{\begin{array}{l}\dfrac{303.2W_{vehicle} - 244838}{L_{ICV}} + sgp_{gas} + sp_{repair,3} - sp_{repair,2} - \\ \dfrac{242.01W_{vehicle} - 177358.3}{L_{EV,1}}, \\ \dfrac{242.01W_{vehicle} + 6p_{1} - 177358.3}{L_{EV,2}} - \\ \dfrac{242.01W_{vehicle} - 177358.3}{L_{EV,1}} + hsp'_{4} + sp_{repair,4} - sp_{repair,2}\end{array}\right\} \tag{6-44}$$

6.4 实例分析

6.4.1 基础数据

本节采用北京市的电动汽车规划、行业标准及土地建设标准等实际数据作为参数赋值的依据。

针对电池数量及成本，依据国家电网公司已开展的换电服务标准，为每辆车配备 4 组电池，总的电池容量为 20kW · h。运营商的电池购买价格为 20000 元/组，电池制造成本为 14400 元/组，电池回收价格为 3360 元/组。

针对充换电站的设备成本，主要包括基础设施成本和配电设施成本两部分。每一座电池充换电站需配备 200 组充电插头，80 台充电机，其充电机、电池维护设备、充电站监控及安全监控设备的成本均为 20 万元，则基础设施成本为 1640 万元；此外，其配电设施成本包括箱变费用、有源滤波费用、用户配电柜费用、0.4kV 电缆费用及 10kV 电缆费用等，成本相对固定，一般为 192 万元左右，所以一座电池充换电站的总设备费约为 1832 万元。而电池配送站只需装备电池维护设备及安全监控设备，其总成本相对较低，经测算约为 40 万元。

土地购置成本根据地区不同而存在差异。通常，土地购置成本包括通过划拨方式取得的土地使用权所支付的土地补偿费、附着物和青苗补偿费、安置补偿费及土地征收管理费等。根据北京市的实际情况，土地征用成本为平均 650 元/平方米。根据《国家电网公司电动汽车充电设施典型设计》，大型充换电站的面积为 1700~2000 平方米，中型充换电站的面积约为 1000 平方米，小型充电站的面积为 50~100 平方米。所以，本章设定集中式充换电站的面积为 2000 平方米，而电池配送站的面积为 500 平方米，从而可获得单位土地征用成本为：$p_{land,\ 1} = 1.3 \times 10^6$ 元/站，$p_{land,\ 2} = 3.25 \times 10^5$ 元/站。

基于北京市电动汽车发展的“十二五”规划，至 2015 年建成 6 座集中式充换电站及 210 座电池配送站，则可得 $q_2 = 6$，$q_3 = 210$。

进一步，可设定汽车的年行驶里程为 20000 公里。为了确定电池容量及里程之间的相关关系，本章搜集了中国代表性的电动汽车相关参数，如图 6-2 所示，当电动汽车的电池容量达到 20kW · h 时，其行驶里程可达 150 公里，故 $s_0 = 150\text{km}$ 。

现阶段我国电动汽车电池的最大循环利用次数可达 2000 次，本文取 1800 次作为平均水平代入公式计算，则可得电池寿命 $t = \frac{1800 \times 150}{20000} = 13.5$ 年。

此外，电动汽车裸车、电动汽车整车及燃油车的使用年限分别设为 15 年、10 年及 20 年。

针对充电电价，电力公司、非电力公司及私人用户遵循差异化充电电价。其中，电力公司可使用输配电价作为充电电价收费依据，由于我国目前尚未确定输配电价的计算方式，故本文采用负荷谷时电价作为电力公司的充电电价，以突出其在能量成本上的优势。针对非电力公司及私人用户，分别采用一般工商业用户用电电价及居民用电电价作为计费标准。从而可得电价参数的实际值为 $p_4^* = 0.3505$ 元/kW·h，$p_4 = 0.766$ 元/kW·h，$p_4 = 0.4783$ 元/kW·h。

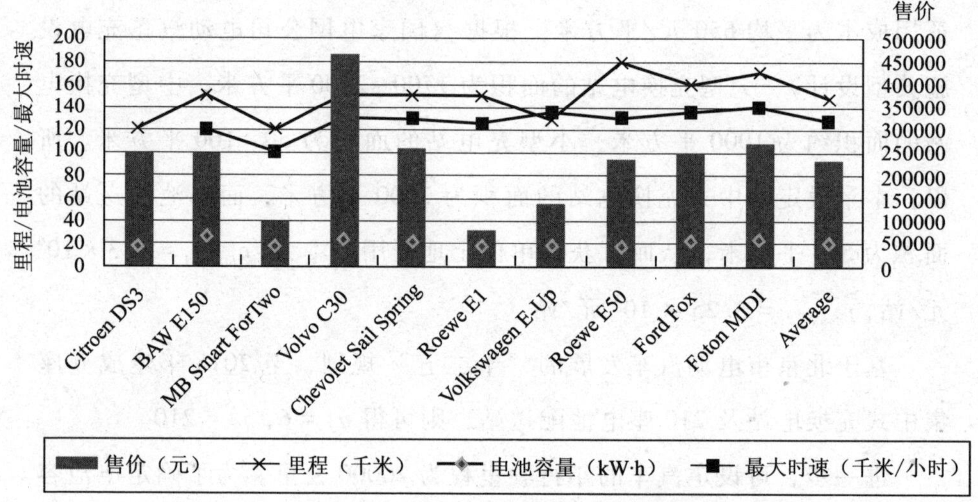

图 6-2　国内代表性电动汽车基本参数

汽车的能源消费率与车重紧密相关，每公里行驶距离产生的能耗与车重呈正比。基于 Li（2011）的研究可得 h 与 g 与车重的关系分别为：

$$h = 0.1053 + 2.4373 \times 10^{-5} W_{vehicle} \tag{6-45}$$

$$g = 0.0211 + 4.3542 \times 10^{-5} W_{vehicle} \tag{6-46}$$

假设设备维护成本占设备总成本的 3%，服务费占运营商总投资的 10%。基于 Ren（2009）的研究，电动汽车裸车、整车及燃油车的维修价格预估为：

$$p_3 = (18320000 \times 6 + 400000 \times 210) \times 3\% = 5817600 \text{ 元/年}$$

$$\lambda = 10\%$$

$$p_{repair,\ 2} = 0.03 \text{ 元/km}$$

$$p_{repair,\ 3} = 0.04 \text{ 元/km}$$

$$p_{repair,\ 4} = 0.375 \text{ 元/km}$$

针对值不恒定的变量，如燃油价格、电动汽车数量、折现率、车身重量等，要分别确定其基准值。以 2014 年底的燃油价格作为基准油价，95#汽油的售价为 8.32 元/L。根据北京市电动汽车的推广政策，至 2015 年底推广 60000 辆电动私家车，假设其中 60% 的用户选择换电租赁业务，则 q_6为 36000 辆。针对汽车重量，可选取 1500kg 作为基准值。折现率设定为 6%。

进一步，由于没有参考先例，仍有一部分变量难以确定具体数值，则本书对其进行初始值设定，并于后文对这些变量的变动影响作进一步的敏感性分析。由此，设定运营商支付给电池经销商的租金为 2000 元/年·组；放电价格设定为充电价格的 1 倍，放电电量设定为充电电量的 0.2 倍。

6.4.2 运营模式利益对比结果

将各变量的赋值带入计算后可知，式（6-44）是电动汽车用户所能接受的最大租金，即接受换电服务的边际成本条件，一旦用户所需支付的服务费高于此值，则用户将放弃选择换电服务，转而选择电动汽车直充模式或传统燃油车；式（6-25）至式（6-29）是运营商所能接受的最少服务费额，即开展换电服务的边际收益条件，如果用户所支付的服务费小于此值，则运营商将出现收不抵支，从而拒绝开展此项业务。

通过实例计算，可得结果如图 6-3 所示。从图中可知，并非所有的运营模式都可行。针对模式 A_2，C_1及 C_2，用户所能接受的最高服务费额低于运营商要求的最低服务费额，在此情况下，这三种模式不能使换电模式顺利开展。同时，基于 A_2及 C_2模式可得，运营商采用租赁的模式来获取电池，由于不拥有电池的所有权，无法获得电池梯次利用的收益，运营商收回成本的方式只有向用户收取换电服务费及电池放电收益两种方式，这将导致用户支付的服务费上涨。除此之外，基于 C_1，C_2模式的结果，当处于与文中设定的赋值条件相似的情况时，石油石化企业并不适合开展换电服务。通过结果可以看出，虽然石油石化类企业节约了土地征用成本，然而电池成本、充电设备成本及充电费用仍然产生了较大的前期投资，使得投资回收较难，会对用户施加较大的租金压力。

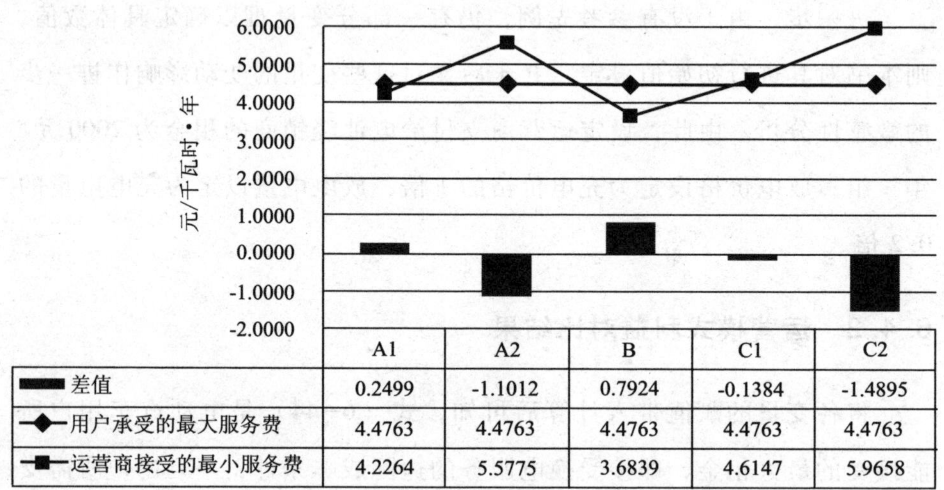

	A1	A2	B	C1	C2
差值	0.2499	-1.1012	0.7924	-0.1384	-1.4895
用户承受的最大服务费	4.4763	4.4763	4.4763	4.4763	4.4763
运营商接受的最小服务费	4.2264	5.5775	3.6839	4.6147	5.9658

图 6-3　各模式下开展换电租赁业务的边界结果

通过计算结果还可得知一些运营模式突显出了优势。其中，模式 B 显现出巨大潜力，在开展换电服务的最高及最低边际条件之间仍然存有较大空间。这表明虽然电池制造商暂时未进入电动汽车充电市场，但由于其具有电池这一巨大优势，使得它在开展换电服务时能以相对较低的租金吸引用户，并能挖掘利润空间、持续稳定地开展服务。其次，电力公司同样能开展换电服务，但利润空间并不明显，需通过电池成本降低或放电规模扩大来提高竞争力。

6.4.3 影响因素敏感性分析

进一步，本章将探讨当部分变量值变化时对 5 种运营模式经济性的影响。一方面，由于部分变量的值不是常量，变动性较大，例如燃油价格；另一方面，一些变量的值没有经验数据，需通过不同的赋值来保证分析的全面性及合理性。基于此，下文将分别对车重重量、换电服务用户数、电池寿命、燃油价格、运营商租金、放电电量、放电电价等因素进行敏感性分析。

6.4.3.1 车身重量影响分析

对变量 $W_{vehicle}$ 取不同的值并保持其他因素不变，可得敏感性分析结果如图 6-4 所示。

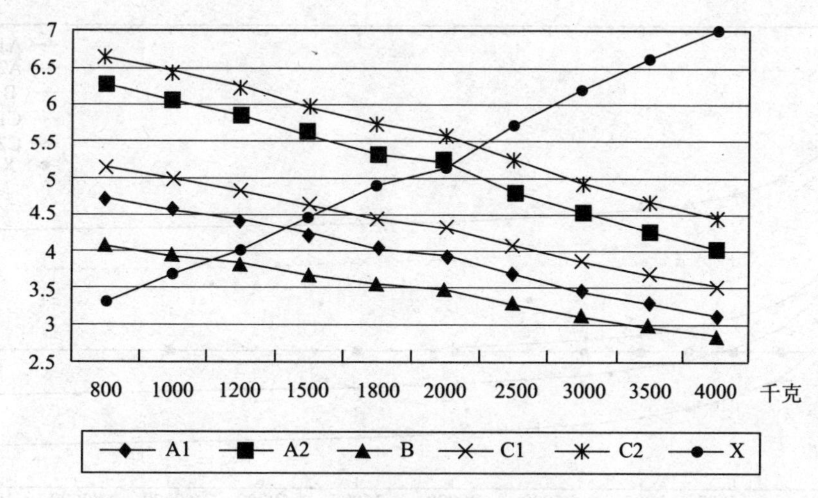

图 6-4 车身重量影响分析结果

图 6-4 中，点线代表的是用户所能接受的最大服务费额。随着车身重量的上升，用户所能接受的服务费逐渐上涨，而运营商要求的最低服务费也会随之下降，这有利于换电业务的开展。当车身重量在 800—1100kg 之间时，用户与运营商在所有的运营模式下都不能达成一致。然而，局面会随着车身重量的上涨而转好。当车身重量超过 2500kg 时，所有的运营模式都能获得有效的盈利空间。

同时，通过图 6-4 也能得出，在不同的运营模式下，对用户的服务费的要求是不同的。其中，模式 A_2 及 C_2 需要用户承担更高的服务费才能实现盈利，而模式 B 的服务费要求可以降至最低，这与之前的研究结果是一致的。

6.4.3.2 换电租赁客户数量影响分析

随着电动汽车的深入推广，其保有量将持续攀升，假设选择换电模式的用户数量也相应增大，可得其对运营商及用户之间的利益影响结果，如图 6-5 所示。

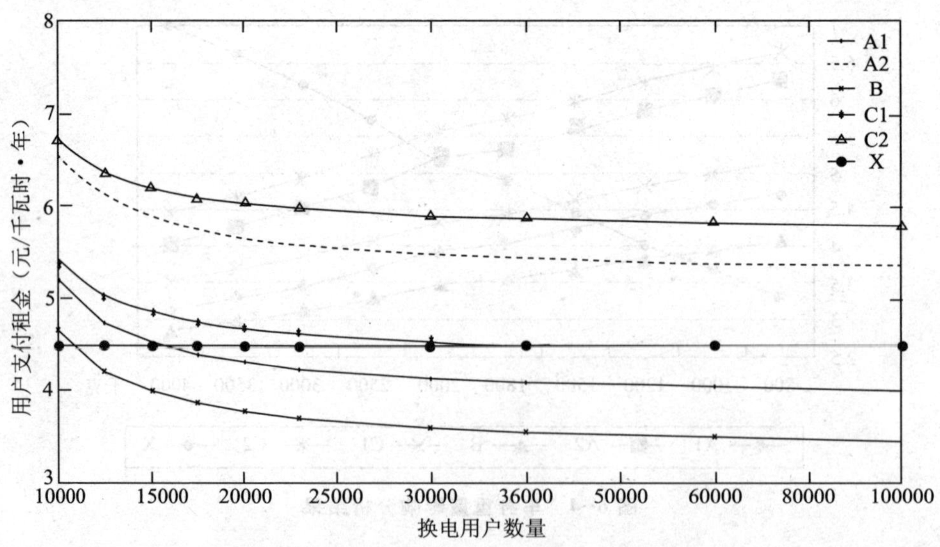

图 6-5 换电租赁服务用户数量影响分析结果

从图中可得，随着用户数量的上涨，用户所能接受的最高服务费额未发生变动，而在不同运营模式下，运营商所能接受的最小服务费会逐渐下降。其中，模式 B 及 A_1的优势会随着用户数量的上升而更加明显。当用户数量达到 10 万时，模式 C_1可达成协议空间，但模式 A_2及 C_2的开展仍不乐观，难以实现盈利。

6.4.3.3 电池寿命的影响分析

现阶段，电池的使用寿命是阻碍电动汽车进一步发展的因素之一，不过随着科学技术的提升，电池的使用寿命正在不断延长。图 6-6 是对电池使用寿命对各运营模式经济性的影响分析结果。从图中可看出，随着电池寿命的提升，不同运营模式下所需最小用户换电服务费的变化

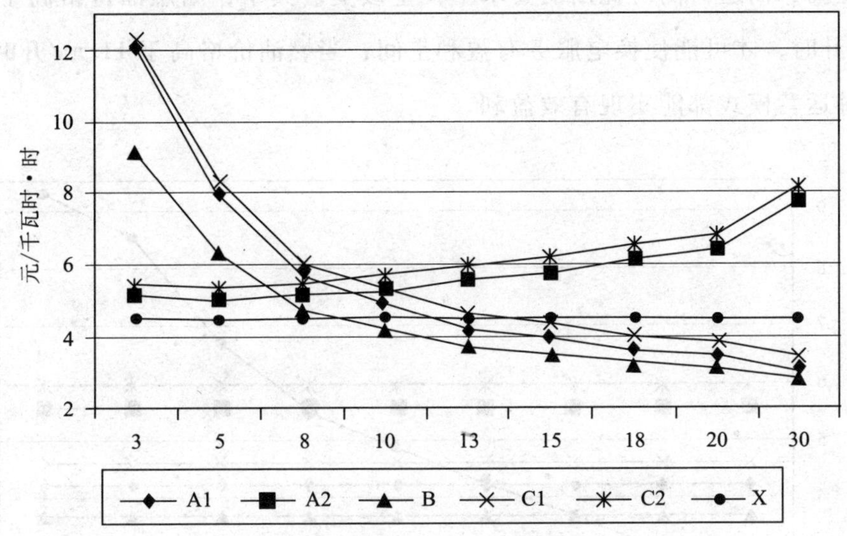

图 6-6 电池寿命影响分析结果

趋势并不一致。其中，以购买方式获得电池的商业模式 A_1、B、C_1，其运营商所能接受的最小服务费会随着电池寿命的增加而减小；而以租赁模式获得电池的运营模式 A_2、C_2，其运营商所能接受的最小服务费会随着电池寿命的增加而增大。前者由于直接购买，相当于一次性消费，

租金要求与时间的相关性较小；而后者由于是以租赁方式，则投入成本与时间的相关性较强。

此外，随着电池寿命的增加，模式 B、A_1、C_1会相继获得盈利空间，而模式 A_2、C_2会进一步失去竞争力。

6.4.3.4 燃油价格的影响分析

燃油价格是影响用户选择的重要因素，显而易见，高油价将促使用户放弃燃油车，而选择电动汽车。石油价格的变动受众多因素的影响，如全球石油市场的供需、资源储量及各国政治关系等，难以长时间维持恒定的水平。随着油价的变动，其对用户与运营商之间达成一致关系的影响如图 6-7 所示。当油价逐渐上涨时，用户愿意接受的换电服务费在提高，而运营商所提出的要求不发生改变。其中，当燃油价格高于 7 元/升时，才可能使换电服务有盈利空间；当燃油价格高于 11 元/升时，五种运营模式都能实现有效盈利。

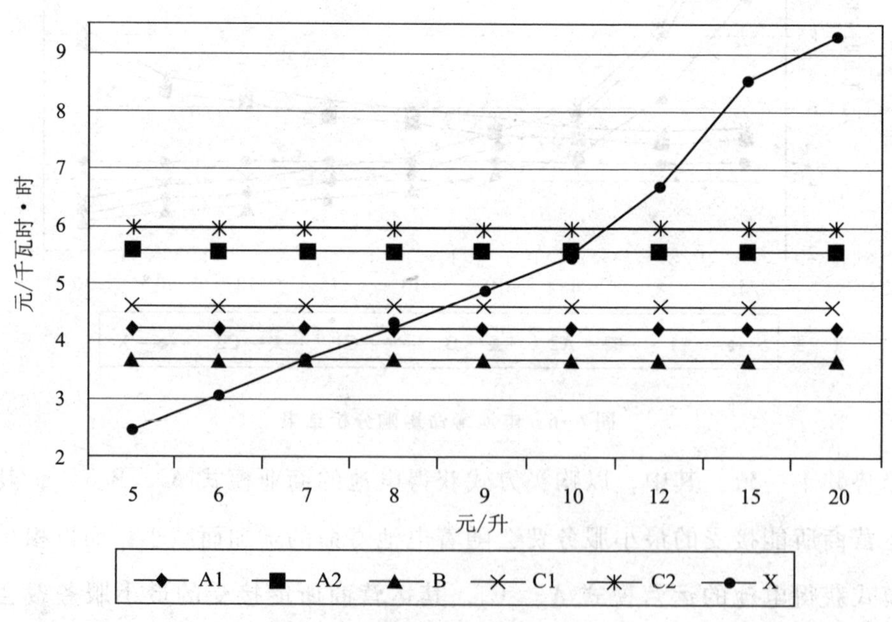

图 6-7 燃油价格的影响分析结果

6.4.3.5 运营商所支付租金的影响分析

由于我国尚未开展如模式 A_2及 C_2的运营模式，故运营商支付给电池经销商的租金难以确定，需要设立不同的数值来进一步分析其变化对该运营模式开展的影响。从图中可以看出，无论运营商承担的租金会如何变化，模式 A_1、B、C_1的要求都保持不变，且模式 C_1始终无法开展，这与先前的分析结果是保持一致的。

当运营商所支付的租金上涨时，模式 A_2及 C_2呈现线性变化，当租金在 1400 元/组·年时，模式 A_2及 C_2均能实现盈利，而当租金超过 1600 元/组·年时，该两模式均不能顺利开展。

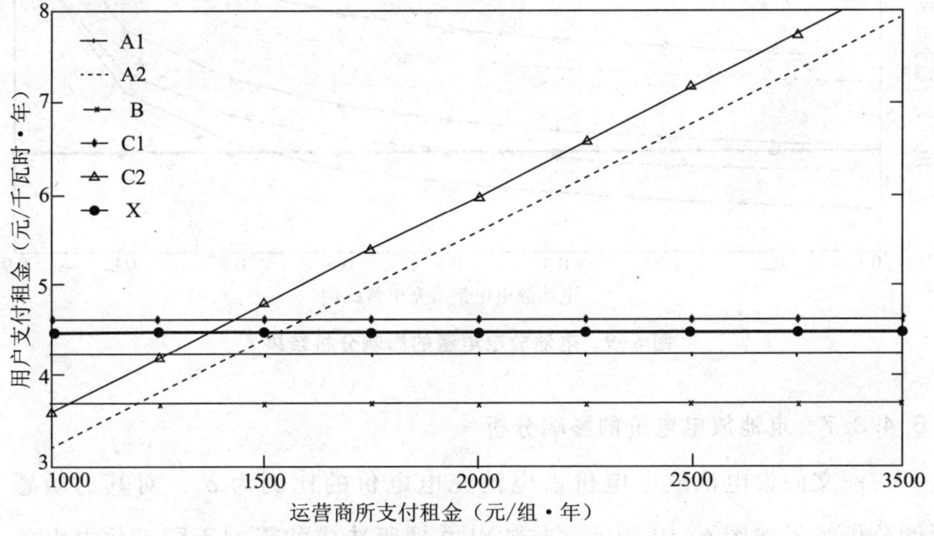

图 6-8 运营商所支付租金的影响分析

6.4.3.6 电池放电电量的影响分析

前文假设电池放电电量占电池充电电量的比例为 η，通过敏感性分析可得影响结果如图 6-9 所示。从图中可得，运营商所要求的最小服务费会随着放电量的增加而递增，并且当 η 达到 0.8 时，服务费的递增率上升。当放电量上涨时，为满足用户需求，需进一步提高充电电量，这就造成了运营商成本的加大；另一方面，若未扩大充电电量，而放电电量上涨，则说明用户可用的电量在减少，会造成供端资源稀缺，这都会进一步推升用户的服务费期望。在这种情况下，模式 A_2及 C_2一直无法获得盈利区间，且当 η 超过 0.65 时，所有的模式都无法顺利进行。

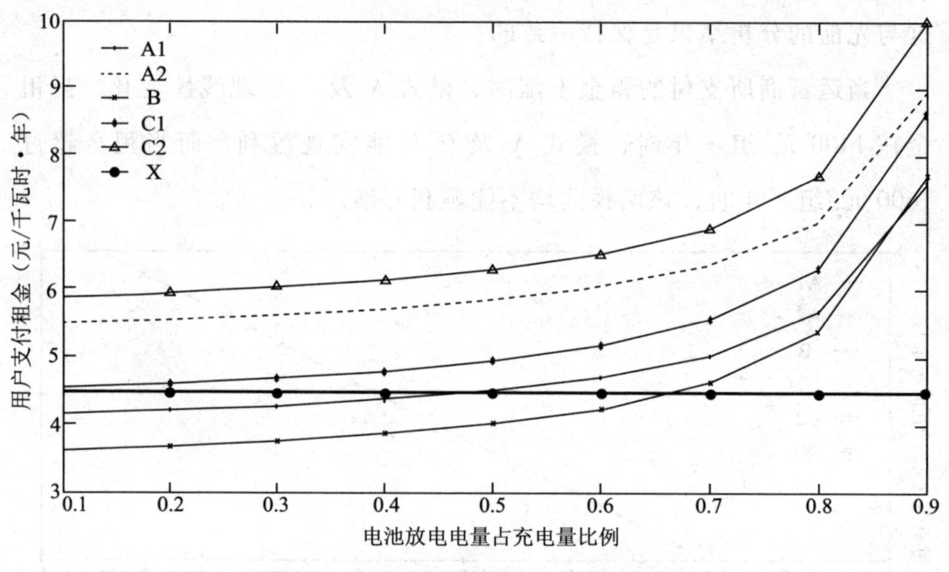

图 6-9　电池放电电量的影响分析结果

6.4.3.7　电池放电电价的影响分析

前文假设电池放电电价占电池充电电价的比例为 σ，对其的敏感性分析结果如图 6-10 所示。与放电电量所造成的影响不同，放电电价的提高将扩大运营商的收益，所以他们愿意降低对用户服务费的要求。模式 A_1及 B 始终能获得盈利空间；当放电电价增大为等同于充电电价时，模式 C_1也实现了盈利空间。而另外两个模式需要有更高的充电电价才能开展。

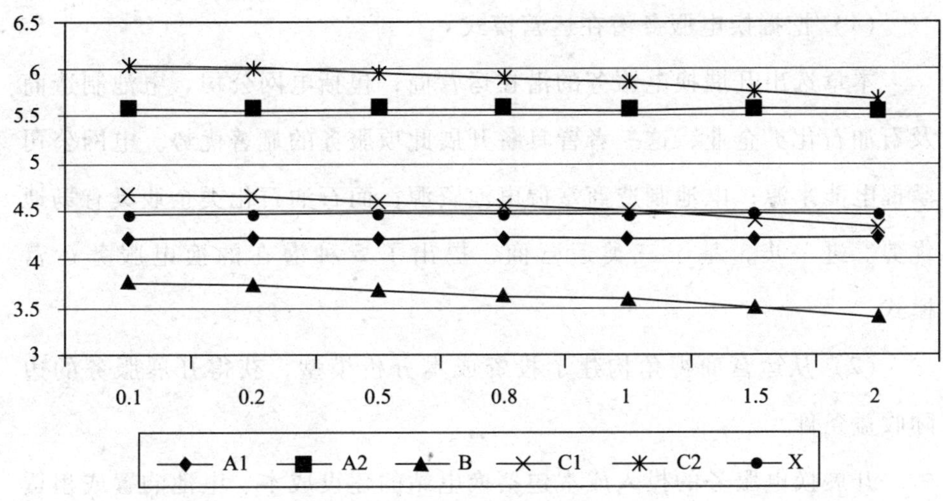

图 6-10 电池放电电价的影响分析结果

6.5 本章小结

换电模式较直充模式相比具有竞争优势，首先，换电模式能有效减少潜在用户的前期投入成本，并且集中的电池充电及管理将更有利于有序充电的开展；其次，集中充电更易于保障电网的安全稳定运行，通过V2G 技术可辅助调峰及帮助新能源接入电网。此外，电池的集中监测及维护有益于延长电池的服务寿命。更重要的是，通过前文研究成果可得，换电模式较直充模式相比提高了供能端的发电效率及清洁性。然而，换电模式依然具有发展瓶颈，由于其前期投入较大，影响了该模式运营的经济性，阻碍了其发展。由此，本章从换电站运营商及用户的视角剖析换电服务的经济性，从两者的视角分别构建投资成本分析模型及费用分析模型，求解换电模式开展的边际条件。具体研究过程及结论小结如下：

(1) 挖掘换电服务潜在运营模式

本章选出开展换电服务的潜在运营商，包括电网公司、电池制造商及石油石化类企业，这三者皆具备开展此项服务的显著优势。电网公司掌握电能来源；电池制造商掌握电池资源；而石油石化类企业具有场地优势。进一步，基于三类运营商，提出了5种潜在的换电服务运营模式。

(2) 从运营商视角构建了投资成本分析模型，获得开展服务的边际收益条件

开展换电服务的投入成本包括换电站的建设成本、电池购置或租赁成本、电池充电电费、换电站运维费用、人工费用等；服务收入包括换电收益、放电收益、电池梯次利用收益等。综合以上因素，可构建运营商投资成本分析模型，以用户支付的电池换电服务费用为变量，求解获得运营商开展换电服务的边际收益条件。

(3) 从用户视角构建了充电费用分析模型，求解得用户接受换电服务的边际成本条件

考虑电动汽车换电服务与燃油车加油的竞争力及直充模式的竞争力，考虑车辆成本、能量费、运维费等因素，从用户视角构建了充电费用分析模型。同样以用户支付的电池换电服务费为变量因子，求解获得用户接受换电服务的边际成本条件。

(4) 通过平衡运营商边际收益条件及用户边际成本条件，分析各运营模式的经济性

结果表明，电池制造商是开展换电服务最有力的竞争者，他们对用户所提出的换电服务费要求一直保持最低，并且低于用户的承受上限。相反，石油石化类企业与另外两类企业相比，竞争力稍显逊色，要求用户支付的服务费额一直处于较高的水平。此外，基于多层租赁的运营模

式，即运营商通过租赁模式获取电池再替换给用户的模式较难实现盈利，无法获得电池梯次利用收益的影响较明显。

（5）基于敏感性分析，剖析了多个因素对换电服务开展的经济性影响

通过敏感性分析可得多个因素对换电服务的经济性产生影响。①车身重量及油价的增加有利于各运营模式扩大盈利空间，上涨的油价将促使用户扩大对换电服务费用的容忍度；②采用此服务的用户数量的增加及放电电价的上涨均有利于促使更多的运营模式增强经济性；③在放电电量提升的情况下，运营商将提出更高的服务费要求以实现收支平衡，从而使换电服务的开展更为艰难；④有些因素的影响会呈现出多样性特征，例如电池寿命，它的延长将降低模式 A_1，B 及 C_2 的服务费要求，而提高模式 A_2 及 C_2 下的服务费要求；针对运营商支付给经销商的租金这个因素，它只对模式 A_2 及 C_2 起作用，它的上涨将加速此两模式的衰退。

总体而言，本章收获了许多有参考性、有价值的结果，对提高换电服务经济性，平衡换电模式下运营商及用户的利益具有借鉴作用，进一步，在第 7 章还将从整个利益链的角度对换电服务的有序开展进行利益链协调研究。

第 7 章　促进有序充放电的利益链协调研究

7.1　概述

电动出租车在无序充电状态下，其产生的充电负荷会造成用电负荷峰谷差加大，会对电力系统的运行产生影响。由上文分析可知，电动出租车由于其一直保持运行状态，考虑到出租车司机日常的驾驶习惯及充电规律，在没有外界激励的情况下难以改变其目前的充电行为。通过引导产生的有序充电负荷能降低用电高峰负荷压力、吸收用电低谷负荷，使负荷最大程度地维持平稳，这有利于电网的平稳运行。同时，其对发电侧也会带来有利影响，能减少高峰的备用装机容量，使社会资源得到节约；可以减少机组的启停次数，降低发电成本，提高机组的利用效率。所以，促进电动汽车用户的有序充电行为有利于电动汽车充电链的可持续发展。与电动汽车充电相关的利益方包含发电方、电网、充电设施运营商及电动汽车用户，从整个利益链的角度建立合理的利益协调模式，从而使整个利益链的效益实现优化是十分必要的。

7.1.1　利益链联结框架

电动汽车充电服务链条与一般产品的供应链类似，均包含产品的生产、运输、销售及使用。在电动汽车充电服务链条中，产品即为电量，发电商扮演生产商角色、电网扮演运输角色、充电服务运营商扮演销售商，电动汽车用户作为电量的终端使用者。同样，在这条电力流链条中，生产商希望提高生产效率、降低成本，提高利润；运输方希望减少运输成本，扩大利润空间；销售商希望降低商品进价，扩大产品销售渠道；而用户希望降低商品的购买费用。

但需注意的是，充电服务链与一般产品供应链之间存在着重要差异。首先，在一般产品的供应链中，产品具有功能、外观等方面的独特性，且不具有共享性，即用户想获得此商品必须靠专门的生产商提供，生产商是整个产品链的引导者；而充电服务链中，给电动汽车充电的电力与其他用电设备使用的电力无区别，用户购买了电动汽车能按自己的意愿进行充电，并不受发电端的限制。然后，在一般产品供应链中，用户的购买行为并不会影响产品链上游的运转情况，作为生产商、运输商，只要产品运输到用户手上，收到产品支付款，整个供应过程就算基本完成，并不会因为何时交易、购买多少而产生影响；然而在充电服务链中，用户在何时充电、充电多长时间会对发电商及电网运行产生显著影响。综合起来，在整个充电服务链中，服务链上游不再发挥主导作用，而用户的充电行为发挥的作用会加大。

在整个充电服务链中，电力流、利益流及效用流各自发挥着重要作用。电力流是链条衔接的基础，是联系整个充电服务链的纽带；利益流是相邻的两者间的交易方式，效用流是参与方之间形成的影响及作用，效用流是需求侧实现与供电端讨价还价的方式，而利益流是协调整个服务链的关键。由此，可得整个充电服务利益相关方的联结框架，如图7-1所示。

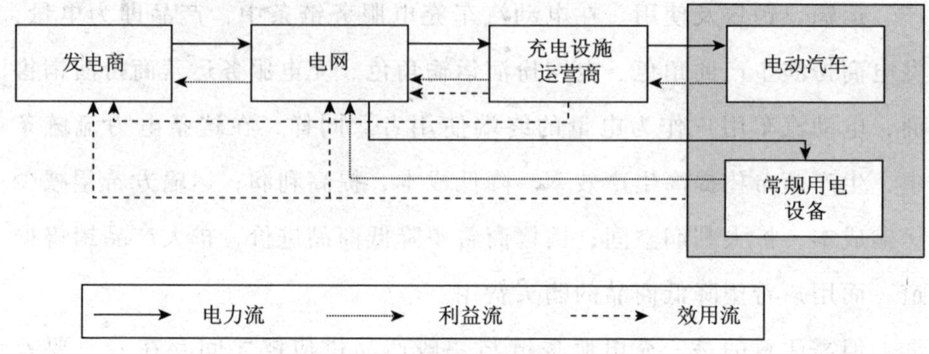

图 7-1 充电服务利益链联结框架

7.1.2 利益方角色定位

7.1.2.1 发电方

发电方作为电力提供方，拥有对利益链定价的优先权，其制定价格的高低将最终传递至用户端。然而，由于效用流发挥作用，无序充电会加大机组的调节压力、降低发电机组的燃煤效率。考虑到有序充电可提高发电效率、提高发电端缓建机组效益，发电方将更偏向于促使用户侧实施有序充电，则发电方作为提供用户激励的让利方。

7.1.2.2 电网方

电网方作为电力的运输者，具有输配电价的决定权，同样影响需求端的最终售价。电网作为与需求端紧密相连的一环，其受到充电方式改变所造成的影响最为显著。无序充电将加大用电负荷的波动，会使负荷峰谷差扩大；相反，有序充电将降低用电负荷峰值，提高谷值，提高整体的负荷率，为电网提供缓建效益。电网方作为与需求端紧密相联的一方，其将作为提供用户激励的实施方。

7.1.2.3 充电设施运营商

在整个充电服务的利益链中，充电设施运营商所充当的角色较为复杂。在本文中，充电设施运营商在直充及换电模式下所行使的作用不同。在直充模式下，由于用户是电动出租车，要长期保持运行状态，所以运营商仅提供充电服务，且充电时间主要由用户决定；在换电模式下，换电站根据站内电池储量可选择性进行充电、放电及储能服务，运营商只需保证用户到站时能更换电池，而对电池的充电时间主要是由运营商决定的。所以，在直充模式下，充电运营商更多地承担服务的传递者，在对利益链的贡献中作用较小；而在换电模式下，由于充电设施运营商作为决定充电、放电时间的操作者，会对服务链上游形成效用，其充当起该模式下的实质“充电用户”，所以将作为外在激励的受利方。

7.1.2.4 用户方

用户作为整个充电服务链的最终环节，其既是利益链的终端，又是效用链的始端。用户可以按自己的意愿随意充电，但将使得对上游的效用形成负值，并不利于整个链条的利益优化。设用户符合“经济人”特质，则其行为将受到利益驱动的影响而发生改变。在直充模式下，电动出租车与电网直接利益相关；在换电模式下，电动出租车与运营商相互作用。充电服务链上游为了提高其效益将对需求端实施激励，在此情况下，用户方作为外在激励的受利方。

7.1.3 协调优化路线

在充电服务链条中，发电方综合发电成本提出上网电价，电网方在此基础上，考虑合理收益制定了销售电价，为了对电动出租车的行为进行引导，本章在分析中采用分时电价的方式将价格向下传递，最后，需求端根据分时电价调整行为。新产生的充电行为将效用流传递至服务链上游，发电方根据效用影响重新核定发电上网电价，再传递至电网方修订销售电价，基于新电价而产生的充电行为将再一次作用于发电端，整个服务链层层循环，形成动态重复博弈，并最终达成利益平衡，过程如图7-2所示。

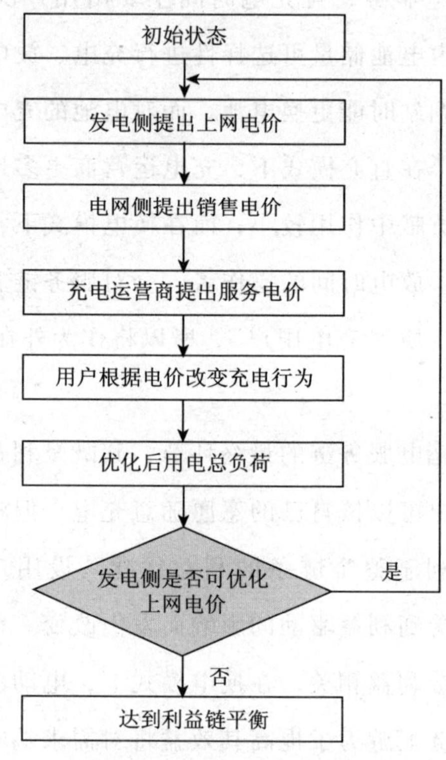

图 7-2 利益链协调优化路线

7.2 直充模式下各参与方利益优化模型

7.2.1 发电方利益优化模型

本文第 4 章及第 5 章均涉及了发电机组的经济调度模型，该模型的目标函数以发电成本最低为目标，从而造成风电的多发，降低了火电机组的发电量。但是这并不符合发电方希望利益最大化的初衷，所以本章将以发电方的利润总额作为目标函数来构建优化模型。

设发电方主要由火电机组及风电场构成。在直充模式下，电动出租车可根据充电需求随充随走，额外停留时间短，这样充电功率的变化明显，要求发电端以更稳定、更可控的方式供能。一方面，可再生能源由于其波动性、随机性大，其发电功率难以与需求匹配，较易造成弃风、弃光的现象发生，与传统能源相比其竞争力偏低。另一方面，可再生能源由于其设备成本高、技术特点难，而造成了其偏高的上网电价，进一步降低了可再生能源发电的竞争力。基于此，为了尽量降低上网电价，实现整个充电服务链的平衡，初始上网电价可基于燃煤机组的条件提出。

假设该地区共有 n 个燃煤发电机组，第 i 个燃煤发电机组的发电成本函数为式（7-1）：

$$f_i(g_i) = a_i + b_i g_i + c_i g_i^2 \tag{7-1}$$

式中，g_i为第 i 个燃煤发电机组的出力（MW）。

由于我国目前在发电上网市场主要是单一购买者的形式，故本文假定只有电网一个垄断的购买者，发电商的上网电价可设为（谭忠富，2008）

$$P_f = \alpha - \beta\left(\sum_{i=1}^{n} g_i + g_{wind}\right) \tag{7-2}$$

式中，α 为上网电价上限；β 为竞价系数。

则第 i 个发电厂的利润为：

$$\pi_i = P_f g_i - f_i(g_i) g_i + I_i \tag{7-3}$$

式中，I_i为由于充电行为改变产生效用所实现的机组缓建收益，其满足式（7-4）（施泉生，2014）

$$I_i = \frac{(L_{0\max} - L_{\max}) J_{1,i} \sigma_1}{365} \tag{7-4}$$

式中，$L_{0\max}$，$L_{\max}$ 分别为在电价调整前后考虑电动汽车充电负荷产生的最大负荷值；$J_{1,\ i}$，σ_1 分别为燃煤机组 i 的单位造价及经营期内的年金系数。则

$$\pi_i = P_f g_i - f_i(g_i) + I_i = (\alpha - \beta \sum_{i=1}^{n} g_i) g_i - a_i - b_i g_i - c_i g_i^2 + \frac{(L_{0\max} - L_{\max}) J_{1,\ i} \sigma_1}{365} \tag{7-5}$$

当各发电机组利润达到最优时，其发电出力满足（谭忠富，2008）

$$g_i^* = \frac{\alpha - b_i - \beta Q}{2c_i + \beta} - \frac{1}{n}\left(\sum_{i=1}^{n} \frac{\alpha - b_i - \beta Q}{2c_i + \beta} - Q\right) \tag{7-6}$$

式中，Q 为发电端的总发电量，即 $Q = \sum_{i=1}^{n} g_i + g_{wind}$。

相应地，机组发电可获得的最优利润满足

$$\pi_i^* = (\alpha - \beta Q) g_i^* - a_i - b_i g_i^* - c_i (g_i^*)^2 + I_i^* \tag{7-7}$$

可见，燃煤机组的利润与机组的煤耗参数、上网电价上限、竞价系数及实现平衡时的最大用电负荷有关。由于缓建机组效益的提高有益于提高发电商的利润，从而提高发电商降低上网电价的可能性，即提高竞价系数，则设竞价系数与缓建机组的效益之间存在联动关系，如式（7-8）所示，其中，ψ 为两者的联动系数。

$$\beta = \psi I_i \tag{7-8}$$

不同于燃煤发电，风电在发电过程中主要是利用自然界的风能，在前期设备投入后，并没有额外的变动成本。所以，风电场的利润函数可以表示为：

$$\pi_{wind} = P_f g_{wind} - C_{wind} \tag{7-9}$$

式中，g_{wind} 为风力发电量；C_{wind} 为风电场前期投入的固定成本。

发电功率约束、爬坡约束、备用约束与前文保持一致。

所以，发电方实现的最优利润函数为：

$$\pi_f = \sum_{i=1}^{n} \pi_i + \pi_{wind} \tag{7-10}$$

7.2.2 电网方利益优化模型

电网方制定的销售电价对电动汽车用户会构成直观的利益感知。现阶段，居民用电负荷已引入分时电价机制，用以降低高峰时期的用电负荷、增大低谷时期用电量，从而平衡整个用电负荷峰谷。这与调节电动汽车用户充电行为的初衷类似，后者希望使用户侧的充电活动更多地向用电低谷时期转移。所以，从电网侧的利益出发，要引入分时充电电价、以差别电价的方式对需求侧的充电行为进行引导。

7.2.2.1 充电电价峰平谷段确定

用电负荷峰谷段划分的主要思路是确定用电负荷曲线上的某点位于峰、谷段的可能性。确定的基本原则是：用电负荷曲线上负荷最高点位于负荷峰时段的可能性是 100%，而用电负荷曲线上负荷最低点位于负荷峰时段的可能性是 0，反之亦然。用电负荷曲线上其他时刻的点位于峰、谷时段的可能性可根据模糊数学中的隶属函数方法来获得。

基于隶属函数确定峰谷时段是一种较为合理的方法，其确定过程如下。由于负荷曲线上存在负荷峰段及谷段，则整个负荷曲线至少存在两段负荷上升时期。进一步相对于负荷最低谷点，至少存在两个负荷高峰点，其中一个为整条负荷曲线的最高峰点，其他的为相对高点。设 l_{max} 及 l'_{max} 分别为负荷曲线上两个高峰点，其中 l_{max} 为用电负荷曲线的最高峰点；l_{min} 为负荷曲线上的最低谷点；x 为用电负荷曲线上的任意一点，则 x 点位于峰时段的可能性为：

$$P(x) = \begin{cases} \dfrac{l_{max} - x}{l_{max} - l'_{max}} (x < l'_{max}) \\ \dfrac{l_{max} - x}{l_{max} - l_{min}} (x > l'_{max}) \end{cases} \tag{7-11}$$

x 点位于谷时段的可能性为：

$$P(x)=\begin{cases}\dfrac{l'_{max}-x}{l_{max}-x}(x<l'_{max})\\[2ex]\dfrac{x-l_{min}}{l_{max}-l_{min}}(x>l'_{max})\end{cases} \tag{7-12}$$

由此可从理论上确定用电负荷曲线上各点所属峰、谷时段，同时，为了考虑制定后峰、谷时段的适用性，则时段的划分不宜太分散。因此在所得峰、谷时段的初步划分上需要进行调整，使得形成的峰、谷时段既能反映负荷特点、又易于使用。结合我国某典型中等城市的日负荷曲线，将直充模式下电动汽车接入电网充电的实际负荷带入计算，可得时段划分结果如表 7-1 所示。

表 7-1　用电负荷峰平谷段划分结果

名称	峰段		平段		谷段
时段	11：00-14：00	19：00-22：00	7：00-10：00	15：00-18：00	23：00-次日 6：00

7.2.2.2　电网方利益优化目标函数

通过销售电量所得的收入为电网公司的主要收益，同时受到有序充电的效用流作用，电网所承担的用电负荷将减小波动、提高电网的缓建效益。以电网所得收益最大化为目标，确定电网侧分时销售电价。则目标函数为：

$$\max\pi_w=\sum_{d=1}^{3}P_{wd}Q_d-P_fQ+I_w \tag{7-13}$$

式中，d 代表用电负荷所处的的峰、平、谷段；P_{wd} 为电网侧制定的分时销售电价，P_{w1}、P_{w2}、P_{w3} 分别为峰、平、谷的销售电价，且满足 $P_{w1}=\varphi_1P_{w2}$，$P_{w3}=\varphi_2P_{w2}$，φ_1、φ_2 分别为峰段及谷段在平段电价上的上调及下调系数；I_w 为由于有序充电所带来的缓建收益，其满足式（7-

14)(李俊, 2012)

$$I_w = \frac{(L_{0\max} - L_{\max}) J_2 \sigma_2}{365(1 - \omega)} \tag{7-14}$$

式中, ω 为电网的备用率。

7.2.2.3 电网方利益优化约束条件

虽然电网方是利益链协调中的让利方, 但是电网方在制定分时售电电价的同时, 还需考虑相比于原始电价, 分时条件下的售电收益不能显著降低, 即:

$$\frac{P_{w2}(\varphi_1 Q_1 + Q_2 + \varphi_2 Q_3)}{Q_1 + Q_2 + Q_3} \geq \upsilon P_{w0} \tag{7-15}$$

式中, P_{w0} 为原始销售电价; υ 为分时电价条件下的均价下限, $\upsilon < 1$。

7.2.3 用户端利益优化模型

本章假设电动出租车车主具有“经济人”特性, 即会根据外部信息的改变相应地改变自身的行为, 以获得外部收益。从出租车车主的角度出发, 其通过载客获取收益为主要的收入来源, 这一部分收入具有随机性, 且每日较为稳定。故要提高电动出租车车主的收益主要是通过节约充电成本的渠道来获取。

7.2.3.1 电动出租车充电电量响应

在实施分时电价时, 考虑车主的原驾驶情况及便捷度, 用户的行为不会完全按照价高少用、价低多用的原则来改变自己的行为, 所以不能简单地将用户的充电活动随着价格的高低而做分配, 而应该考虑电动出租车车主对电价的响应程度。假设分时电价实施后, 电动出租车产生的充电负荷发生以下变化:

$$G_d = G_{d0} + \Delta G_d \tag{7-16}$$

式中, G_{d0} 为 d 时段原本的充电负荷; ΔG_d 为根据分时电价, d 时段变化的充电负荷。进一步，电动车主的需求弹性满足：

$$e_{ds}=\frac{\Delta G_s/G_{s0}}{\Delta P_{ud}/P_{u0}} \tag{7-17}$$

式中，e_{ds} 为 d 时段电价的变化对 s 时段的充电电量造成的影响；P_{u0} 为分时电价实施前的用户侧的充电电价水平；ΔP_{ud} 为 d 时段电价调整的幅度；G_{s0} 为分时电价前 s 时段的充电负荷；ΔG_s 为实施分时电价后，s 时段增加或降低的充电负荷。

用户侧分时充电电价及电网分时销售电价的关系为式（7-18），$P_{service}$ 为充电设施运营商获得盈利收取的合理充电服务费。

$$P_{u0}=P_{w0}+P_{service} \tag{7-18}$$

由此，获得电动出租车车主对电价变化的需求弹性矩阵：

$$E=\begin{bmatrix} e_{11} & e_{12} & e_{13} \\ e_{21} & e_{22} & e_{23} \\ e_{31} & e_{32} & e_{33} \end{bmatrix} \tag{7-19}$$

实施分时电价后，各时段充电负荷的变化满足：

$$\begin{bmatrix} G_1 \\ G_2 \\ G_3 \end{bmatrix}=\begin{bmatrix} \Delta G_1 \\ \Delta G_2 \\ \Delta G_3 \end{bmatrix}+\begin{bmatrix} G_{10} \\ G_{20} \\ G_{30} \end{bmatrix}=\begin{bmatrix} G_{10} & 0 & 0 \\ 0 & G_{20} & 0 \\ 0 & 0 & G_{30} \end{bmatrix}E\begin{bmatrix} \Delta P_{u1}/P_{u1} \\ \Delta P_{u2}/P_{u2} \\ \Delta P_{u3}/P_{u3} \end{bmatrix}+\begin{bmatrix} G_{10} \\ G_{20} \\ G_{30} \end{bmatrix} \tag{7-20}$$

7.2.3.2 电动出租车利益优化模型

从电动出租车车主的角度而言，在分时充电电价的条件下，其需要根据电价的变化来调整自己的充电时间，从而实现充电成本的最小化，所以目标函数为：

$$\min\pi_u=\sum_{d=1}^{3}P_{ud}G_d \tag{7-21}$$

实施分时充电电价后还要保证用户的利益不受损，故可得电价约束条件：

$$\frac{P_{u1}G_1 + P_{u2}G_2 + P_{u3}G_3}{G_1 + G_2 + G_3} \leq P_{u0} \tag{7-22}$$

在第 4 章的分析中可看到，在特定分时电价条件下对用户充电电价的优化结果中，出现了新的负荷高峰，这是需要避免的。由此设定以下约束条件：

$$\max_{d=2,\ 3}(L_{0d} + L_d) \leq \max_{d=1}(L_{0d} + L_d) \tag{7-23}$$

7.2.4 案例分析

7.2.4.1 参数赋值

设某一典型中等城市的日负荷曲线满足表 7-2，电动出租车数量为 5000 辆，其出租车充电行为满足上文所得的充电行为一般规律模型，在直充模式下充电所产生的原始充电负荷曲线与前文保持一致。

表 7-2 典型城市日用电负荷

时点	用电负荷（MW）	时点	用电负荷（MW）	时点	用电负荷（MW）
1	664.3742	9	978.0572	17	1051.021
2	632.5002	10	1039.883	18	1056.432
3	614.2754	11	1069.011	19	1042.672
4	606.3364	12	1031.11	20	1039.877
5	613.9998	13	1006.267	21	1028.036
6	663.9168	14	1008.421	22	957.651
7	763.3282	15	1005.039	23	846.7442
8	867.9044	16	1026.101	24	743.7852

设风电的总装机容量为 500MW，其等效利用率满足上文中的表 4-3。在上文的分析中，包括了 6 台火力发电机组，如果将每个个体当成

一个发电利益方，则需对各个机组的利润进行测算，计算过程较为繁琐且属于冗余计算，故为了提高求解的效率，设系统内包括 3 台火力发电机组，其对应的技术参数如表 7-3 所示。

表 7-3　机组参数

机组	a	b	c	P_{min}/MW	P_{max}/MW
机组 1	15	0.15	0.0000145	150	450
机组 2	12	0.12	0.000018	200	500
机组 3	10	0.1	0.00002	250	600

进一步，设发电端上网电价限价 α 为 0.55 元/千瓦·时，竞价系数与缓建效益之间的联动系数 ψ 为 10^{-7}；发电机组的单位造价 J_1 为 8800 元/千瓦（施泉生，2014），发电机组经营期内年金系数 σ_1 为 0.0333；电网侧平均销售电价政府限价 $\overline{P_{wd}}$ 为 0.80 元/千瓦·时，原平均销售电价为电网单位造价 J_2 为 9900 元/千瓦，电网运营期内年金系数 σ_2 为 0.0333，电网侧备用系数 ω 为 10%，电网侧原平均销售电价为 0.55 元/千瓦·时。充电运营商所收服务费为固定值 0.8 元/千瓦·时。则用户所支付的原充电电价为 1.35 元/千瓦·时，用户侧电动汽车车主对电价的需求弹性矩阵为：

$$E=\begin{bmatrix} -0.25 & 0.4 & 0.3 \\ 0.4 & -0.25 & 0.4 \\ 0.3 & 0.4 & -0.25 \end{bmatrix}$$

7.2.4.2　结果分析

根据图 7-2 的优化路线，发电侧首先提出初始上网电价，电网侧在确定的峰谷变动比例下进一步制定分时销售电价，运营商在销售电价的基础上增添充电服务费，之后用户侧根据分时充电服务总价调整自身的充电行为，产生新的总用电负荷曲线。发电方判断新的负荷曲线是否可提高发电方的缓建效益，从而决定是否降低上网电价，进而实现联动优化。根据构建的电价模型及设定的原始数据，通过 MATLAB 编程求解电价优化模型。

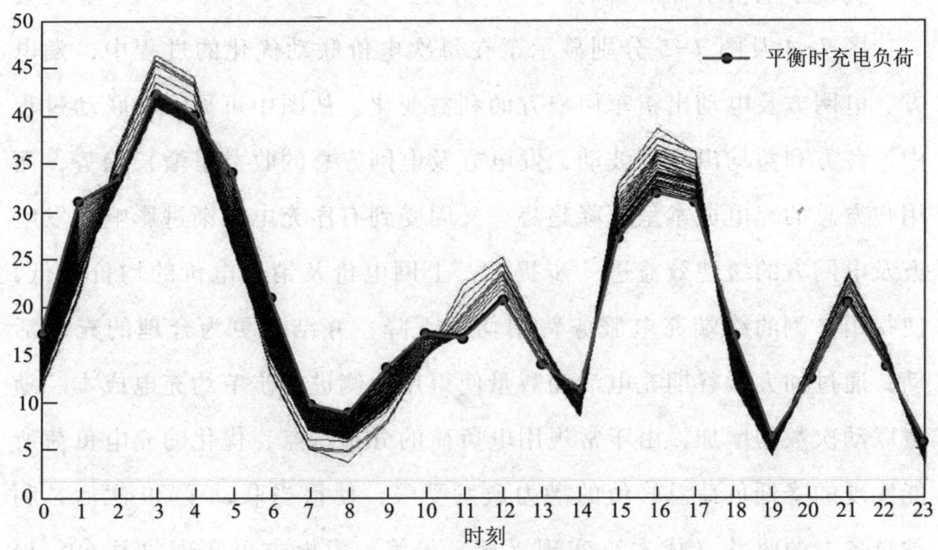

图 7-3　充电负荷变化情况

图 7-3 展示的是当利益链价格联动时，用户端产生的充电负荷曲线。图中圈线表示最终形成的用户端充电负荷曲线。在此情况下，一方面，所形成的充电负荷不再具有使发电方提高缓建效益的能力，从而发电方不会再降低上网电价，使整个电价联动过程停止；另一方面，基于用户的需求弹性矩阵，根据最终联动的分时充电服务总价，用户不再被驱动调整自身的充电行为，失去了利益链价格联动的动力。从处于平衡状态的优化充电负荷曲线中可看出，原本 4 个充电高峰时段的峰值都被削弱，其中，在每日 15 点至 17 点及每日 21 点这两段是充电高峰时期，充电活动均被减少；而在每日凌晨及上午这两个时间段，在原充电高峰时段，局部时点的集中充电活动得到了削弱及转移，使这两个时期的充

电活动更为均衡。在每日凌晨 0 点至 1 点及每日凌晨 5 点至上午 10 点的时间段内，新增充电活动的迹象尤其明显。这一方面有助于整个用电负荷曲线的削峰填谷，同时通过模型优化，还避免了新充电高峰的产生、实现了电价引导的目的。

图 7-4 及图 7-5 分别显示了在每次电价联动优化的过程中，发电方、电网方及电动出租车用户方的利益变化。从图中可见，在联动过程中，各方利益均出现了波动，发电方及电网方总的收益呈增长趋势，而用户方总的充电成本呈下降趋势。又因受到有序充电的渐进影响，发电方及电网方的缓建效益进一步提升，上网电价及销售电价的均价降低，使得用户侧的终端充电服务费用均价下降，并结合更为合理的充电活动，通过加大低谷期充电活动数量使得用户侧进一步节约充电成本。随着联动次数的增加，由于常规用电负荷的分布特点，优化的充电负荷所能实现的降低负荷总峰值的潜力愈发受限，使得当联动了 39 次后，利益链各方的收益（成本）实现平衡。最终，发电方可实现收益 695.14 万元，比初始收益提高 18.45 万元，增加率为 2.73%；电网方可实现收益 554.20 万元，比初始收益提高 16.02 万元，增加率为 2.98%；用户方最终充电成本为 66.86 万元，比初始成本降低 5.10 万元，成本节约率为 7.08%。

图 7-6 显示的是在联动过程中上网电价的变化情况。发电端受到缓建效益的提高，竞价系数随之上升，从而实现上网电价的降低。最终可得发电方上网电价为 0.5181 元/千瓦时，比初始上网电价降低 0.0319 元/千瓦时，电价降低率为 5.8%。

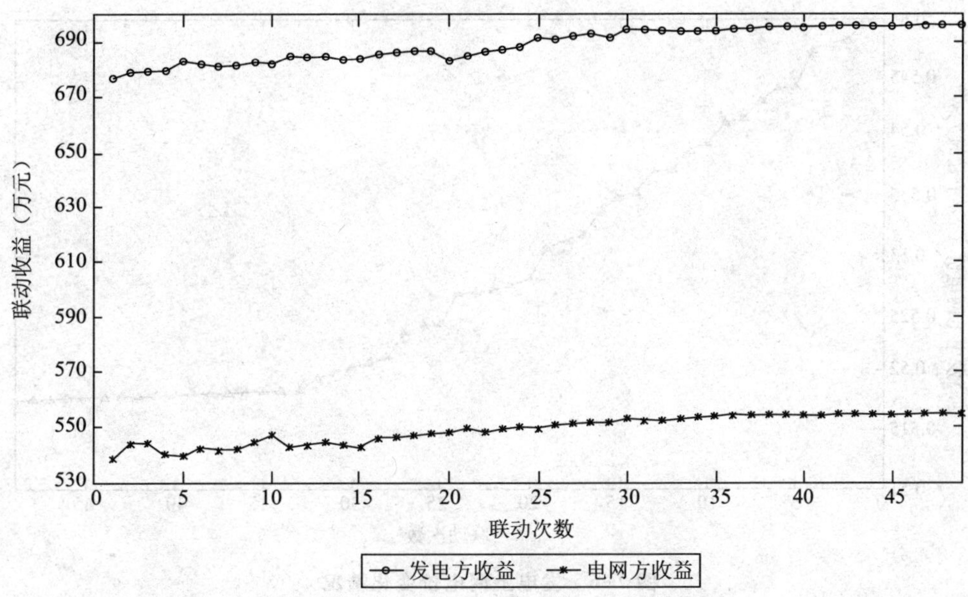

图 7-4　发电方及电网方收益变化情况

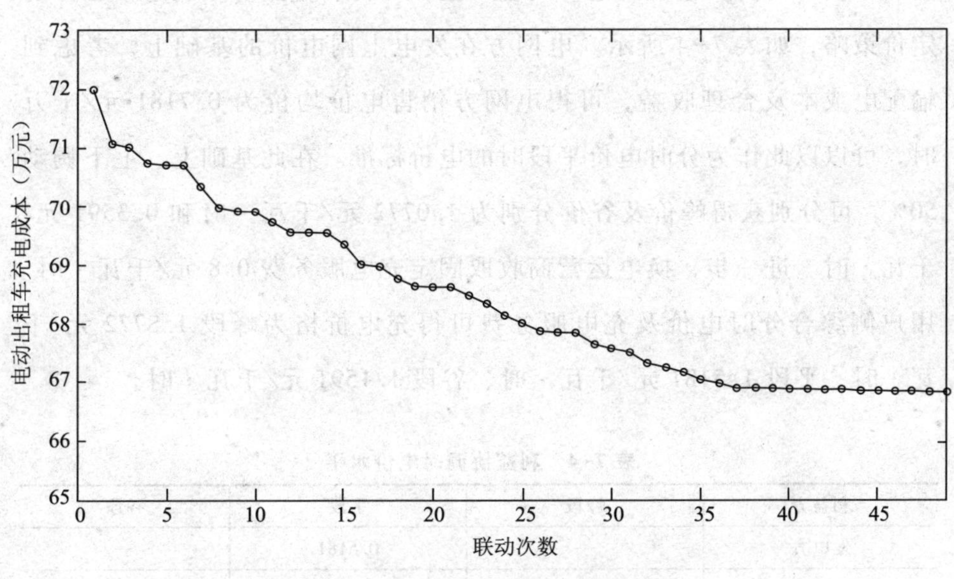

图 7-5　电动出租车充电成本变化情况

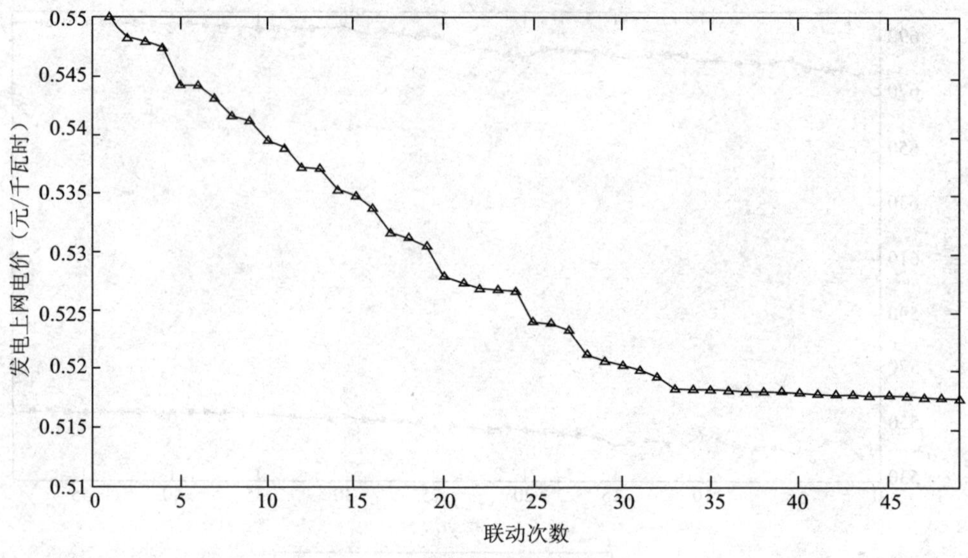

图 7-6　发电上网电价变化情况

在获得均衡发电上网电价的基础上，可得利益链协调状态下各方的定价策略，如表 7-4 所示。电网方在发电上网电价的基础上，考虑到输配电成本及合理收益，可得电网方销售电价均价为 0.7181 元/千万时，可以以此作为分时电价平段时的电价标准。在此基础上，上下调动 50%，可分别获得峰价及谷价分别为 1.0772 元/千瓦・时和 0.3591 元/千瓦・时。进一步，换电运营商收取固定充电服务费 0.8 元/千瓦・时。用户侧综合分时电价及充电服务费可得充电价格为峰段 1.8772 元/千瓦・时、平段 1.5181 元/千瓦・时、谷段 1.1591 元/千瓦・时。

表 7-4　利益协调时电价水平

利益方	峰段	平段	谷段
发电方	—	0.5181	—
电网方	1.0772	0.7181	0.3591
用户方	1.8772	1.5181	1.1591

进一步观察在实现利益方协调运作的状态下，发电端各机组的发电状态，结果如表 7-5 所示。从表中可得，在实现平衡时，机组 2、机组 3 及风电场发电均有上升，相反机组 1 的发电量减少。由此说明，在用户端的充电行为趋于有序的过程中，风电的发电上网量得到提升；而相比之下效率较低的火电机组将减少发电量，竞争力不足。

表 7-5　发电机组变化情况

	初始发电量（MW）	平衡发电量（MW）	变化率
机组 1	7556. 354	7147. 424	-5. 41%
机组 2	5707. 695	5783. 9	1. 34%
机组 3	5013. 251	5276. 607	5. 25%
风电场	3586	3637. 369	1. 43%

7.3　换电模式下各参与方利益优化模型

在换电模式下，换电设备运营商拥有更灵活的充电时间，由其主要操控充电的开始时间及充电历时，充当起此模式下的直接用户。同时，由于换电站储备了大量的充电电池，能发挥电力系统储能设备的作用，吸收各时点多余的发电电量，尤其是对可再生能源的入网发挥了促进作用。此外，换电站可以将吸收的多余电量在用电紧缺时向电网返回，通过电池放电来缓解负荷高峰的供电压力。与直充模式相比，换电模式下各利益方之间的协调既存在相似之处，又存在差异。

与直充模式下一致，设发电方主要由火电机组及风电场构成。火电机组的利益函数仍然表示为式（7-5），风电场的利润函数表示为式(7-9)，发电方依然以所有整体利润最大为目标，这与前文结果保持一致。故后文主要从电网方、充换电运营商及电动出租车车主的角度构建利益链协调优化模型。

7.3.1 电网方利益优化模型

为了实现峰谷差缩小，负荷平衡的目的，电网方同样偏向于实施分时电价机制，从而引导需求端的充电时间及充电时长。除此之外，由于在换电模式下直接与电网发生交易，且影响交易时、量的对象不再是电动出租车本身，而是换电设施运营商，所以还有一种可行的交易模式。换电运营商与电动出租车车主在本质上存在差异，后者是独立的个体，而前者具有集团性，电网与需求侧之间的交易模式由集团对个体转变成集团对集团；此外，换电站的储备电池可实现储能及放电的作用，有利于电网的平稳运行，但是一般放电电价不能低于充电电价，不然会使运营商失去实施放电的动力（由于放电的前提是先充入足量的电，如果放电电价低于充电电价，实施放电将是一种入不敷出的行为）。在此情况下，电网与运营商之间可将对立的交易化为协同合作，形成一种契约。电网方以低于实时电价的价格将电量大批量销售给充换电运营商，再以不低于销售电价的价格回购换电站的放电电量。充换电运营商能大批量以低价购入电量的前提条件是必须保证购入的时、量，从而保障电网的经济利益，否则会降低电网实施此种交易方式的积极性。由于电网回购放电量的电价可能高于发电方的上网电价，在没有电量销售量的保障下，电网方将宁愿放弃换电站放电的辅助调峰供能，而选择按照原分时电价的方式进行交易。此外还应注意到，发电方发电及换电站电池放电虽然均为供能行为，但是其实质却有所不同。发电方根据需求侧的需求变化而改变各时刻发电电量，不属于需求侧管理的范围；而换电站根据要求在负荷低谷时充电、在负荷高峰时放电，属于需求侧管理的方式。虽然电网购入后者需支付的价格更高，但是其发挥的平衡负荷波动的效用能同时增大电网的效益。

设电网方批量销售给换电运营方的电量为 Q_c；电网方从换电运营方所得放电电量为 Q_{V2G}；电网方销售给换电运营方的电量销售电价为 P_c；电网方支付给换电运营方的放电电价为 P_{V2G}。常规用电依然按分时电价计价，则常规用电电量为 $Q-Q_c$。从而可得电网方的利润函数为：

$$\pi_w = \sum_{d=1}^{3} P_{wd}(Q_d - Q_{cd}) + P_c Q_c - P_f Q - P_{V2G} Q_{V2G} + I_w \quad (7-24)$$

则优化目标为：$\max \pi_w$

7.3.2 充换电运营商利益优化模型

若换电运营商根据分时电价给站内电池充电，并需同时满足换电用户需求、提供放电服务，这将会加大运营商的操作难度，不利于提高运营商的经济效益。而通过大批量以低价购入合同电量的方式，能显著降低运营商的购电成本，在此种模式下，运营商与电网配合进行负荷低谷充电、负荷高峰放电，操作性更强、易于控制，所以从运营商角度也愿意进行此种交易模式，从而可实现双赢。

但是需注意的是，电网及运营商之间形成了一种契约关系，运营商的行为将在一定程度上受到限制。而换电运营商的主营业务为为电动出租车用户提供换电服务，从而在履行对电网方的合作义务条件下，将对电动出租车用户的换电行为形成制约，需要其配合在换电站内电池电量充足时换电、而避开在电池电量降低时换电。由此，运营商及电动出租车用户间也需要形成一种交易模式，可以采用“委托—代理人”理论进行分析。

经济社会活动中有大量一方委托另一方完成特定工作的情况，这些关系的关键特征是委托方的利益与被委托方的行为有密切关系，但委托方不能直接控制被委托方的行为，甚至对后者开展工作的监督都有困难，只能通过报酬等间接影响被委托方的行为。基于此，换电站为了引导电动出租车在特定时段内换电，可采用分时换电服务电价的方式，可同样分成三个时段，分别对应换电站内电池电量的少、中、多状态，设各时段服务费价格为 P'_{ud}，视换电站初始建设成本为沉默成本，则换电运营方的收益优化目标函数为：

$$\max\pi_y = \sum_{d=1}^{3} P'_{ud}Q'_{ud} + P_{V2G}Q_{V2G} - P_cQ_c \tag{7-25}$$

设平时段的换电服务电价为 P'_{u0}，峰时段及谷时段换电服务电价分别上调及下调 ζ 倍。

为了保证换电站能满足电动出租车的换电需求，其站内电池储备电能需满足：

$$Q_c = \sum_{d=1}^{3} Q'_{ud} + Q_{V2G} \tag{7-26}$$

$$Q_c \le C_{total} \tag{7-27}$$

其他约束条件与第 5 章中的描述保持一致。

7.3.3 用户端利益优化模型

从电动出租车车主的角度而言，在分时服务电价的条件下，其需要根据电价的变化来调整自己的换电时间，从而实现换电成本最小化，所以目标函数为：

$$\min\pi_u = \sum_{d=1}^{3} P'_{ud}Q'_{ud} \tag{7-28}$$

由于电动出租车一日换电多次，为了保证每次换电后都能正常运营一段时间，而不会因为优化目标，将一日内的多次换电集中到一个时段，会出现不合理的现象，设定约束条件如下：

$$Q'_{ud} = \sum_{t\in d} Q'_{ut} \tag{7-29}$$

当 d=1 时，

$$Q'_{ut} \leq N^c Q_{EV} f(t) Q_0 (t \in d) \tag{7-30}$$

当 d=3 时，

$$Q'_{ut} \geq N^c Q_{EV} f(t) Q_0 (t \in d) \tag{7-31}$$

式（7-30）、式（7-31）中，N^c 为电动出租车每日换电次数；Q_{EV} 为电动出租车总数；$f(t)$ 为第二章所得电动汽车充电开始时间概率分布函数；Q_0 为每次换电所需电量。此处引用直充模式下所得的每日充电一般规律模型中的开始充电时间概率分布函数是具有合理性的。确定各时段的换电次数，即各时段有多少用户来站内换电，这与前文研究的开始充电时间具有一致性，均是当电池耗完电后到站内充电的时点，所以可以借鉴使用。约束条件式（7-30）及式（7-31）表明，当服务电价位于峰段及谷段时，对应时段内的充电需求会分别降低及增加。

7.3.4 案例分析

7.3.4.1 参数赋值

设电动出租车数量为 5000 辆，每辆电动出租车配备 4 节电池（一组），电池总容量为 20kW，每日至少换电 3 次，换电站采用全自动快换方式，一辆电动出租车从入站、更换电池、出站的平均时间为 5 分钟。充电电流按照标准充电倍率 0.5C 充电为 45A，当车辆 SOC 值低于 30%时，就要给车辆换电。电池充满耗时约 2 个小时（车辆 SOC 剩余值平均 15%计算），每天换电站运行时间按 24 个小时考虑。

当所有电动出租车的换电时刻满足均匀分布时，可得换电站需要储备电池的容量如下：一个工位需要电池 2 小时×60 分钟÷5 分钟=24 组，一个工位 24 小时工作时间内可更换电池 24 小时×60÷5 分钟=288 次，所有电动出租车每日至少换电 5000×3=15000 次，则需要换电池车位 15000÷288≈52 个，考虑备用及故障因素，设需要换电池车位 60 个，则至少需要电池组数 60×24＝1440 组（容量 28.8MW）来满足电动出租车的换电需求。由上文分析可得，电动出租车充电需求呈现混合高斯分布状态，即具有明显的高峰及低谷时期，相应地需调整换电站内电池容量供给，同时考虑站内电池的储能、放电服务，本节设换电站内电池总容量为 80MW。

设换电站从电网方批量购电的初始电价为低谷电价 0.7 元/千瓦·时，放电电价相对于收购电价的比例系数为 τ（$\tau \geq 1$），以 $\tau=1$ 及 $\tau=1.2$ 代入分析；换电站向用户收取的峰段及谷段服务费价格在平时段的基础上上调及下降同样的比例，设平时段换电服务费为 1.8 元/千瓦·时；此外，在电网与换电运营商的合作中，为保证电网运行的稳定性及低价售电的效益，换电运营商需保证在负荷低谷时充电量至少为站内电池总容量的 20%，负荷高峰时站内有电池总容量 20% 的电量可参与调峰调度。

7.3.4.2 结果分析

在换电模式下，换电站批量充电可按照电网制定的优惠价执行，对用户收取分时换电服务费，从而能更好地引导用户的行为，帮助自身执行电网低谷充电、高峰放电的契约要求。在此模式下，影响电动出租车车主换电行为的外界激励因素为运营商制定的分时换电服务电价，取高峰服务价及低谷服务价依次上升或下降 0%、10%、30% 及 50% 带入计算。考虑用户的需求弹性矩阵及换电站充、储、放电量约束，基于 GAMS 软件对换电需求进行优化，可得结果如图 7-7 所示。

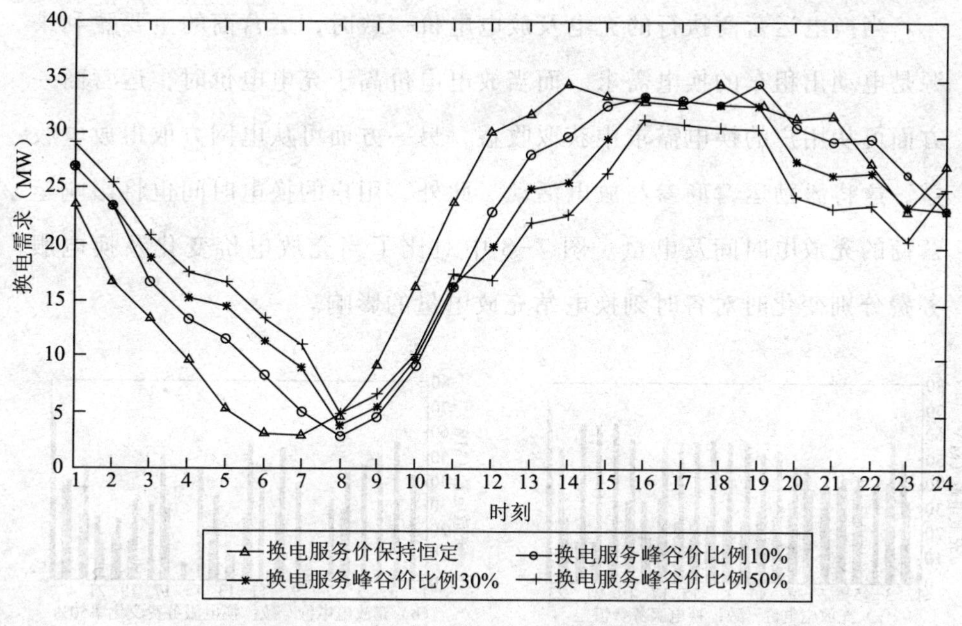

图 7-7 不同换电服务价下换电需求变化

由图可得，随着换电服务费峰谷价的差距拉大，对电动出租车用户的换电行为引导的效果逐渐明显。谷时段的换电需求量逐渐扩大，同时峰时段的换电需求量减少。受到需求自弹性的影响，高峰时电价的上升造成了部分换电需求向其他时段转移，也造成了部分需求的减少。用户换电需求的转变将缓解换电运营商的运行压力，保障有更充足的电量可用于高峰时的放电要求。此处换电需求并不代表换电站各时刻的充电量，而是代表各时刻需要从换电站消费的电量。

换电站各时刻的充电量受到换电需求及放电量的双重影响，其中放电量大小与放电电价的高低紧密相连，基于此，针对“放电价与充电价相同”及“放电价为充电价 1.2 倍”两类情景分别进行求解。结合换电需求、换电站运行约束、发电机组约束及电网输电约束，通过 GAMS 仿真可分别获得换电站各时刻充放电量及总充放电量的变化情况，结果如图 7-8 及图 7-9 所示。

当换电运营商执行的充电及放电电价一致时，运营商的主要盈利来源是电动出租车的换电需求。而当放电电价高于充电电价时，运营商一方面可从用户的换电需求中获取收益，另一方面可从电网方取得放电收益，这将激励运营商参与放电活动。此外，用户的换电时间也将影响运营商的充放电时间及电量。图 7-8 中对比了当充放电价变化及换电服务费分别变化时对各时刻换电站充放电量的影响。

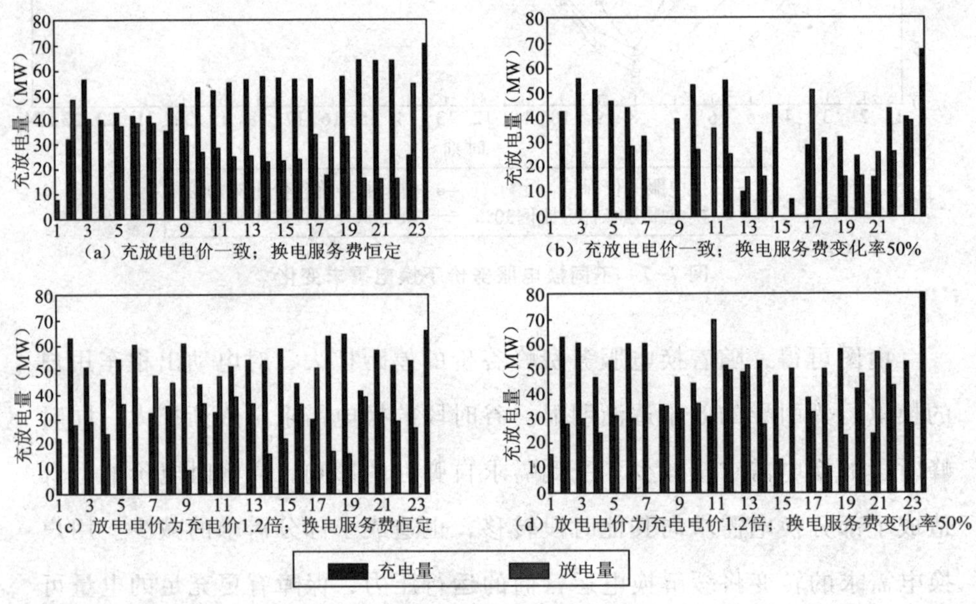

图 7-8　多情景下各时刻充放电量变化

对比图 7-8（a）及（b），换电站执行的充电价等于放电价，换电服务费由恒定状态变为分时价格，峰价相对于平价会上升 50%，而谷价相对于平价会下降 50%，再结合图 7-7 可得，这造成换电需求的削峰填谷。由图 7-8（a）可得，以运营商利益最优为目标，在原换电需求的条件下，换电站各时段平均充电量较大，且谷时段偏低；相反，换电站每时点均会进行放电，而峰时段放电量偏低。（b）图中受到换电需求变化的影响，运营商的充放电操作更具计划。由于多放电并不会提高运营商的收益，所以在此情况下，换电站只在几个时点产生放电，且多集中在负荷高峰时段；相反，换电站在谷时段的充电负荷提高，可以满足新增用户的换电需求。

对比图 7-8（c）及（d），以放电电价高于充电电价为前提，图（c）中，换电站在各时点的充、放电量波动性较大，在全天多个时点出现高充电负荷值，同时用电负荷谷段及平段出现更高的放电量；随着换电服务费峰谷价的实施，可发现换电站的部分充电量向负荷谷段偏移；由于负荷峰段换电需求有所减少，换电站也具备更高的电池容量参与系统调峰，使得在负荷峰段的放电量上升。

此外，分别对比图 7-8（a）、（c）及（b）、（d）可得，由于放电价的升高，放电电量上升，因此充电电量上升，这在图（b）、（d）的对比中表现得更为明显。

进一步，可得在充放电电价及换电服务费的双重变化下，换电站总充放电量的变化情况，如图 7-9 所示。当充放电电价一致时，放电活动并不会给换电站带来收益，在满足电力系统运行的前提下，随着用户方换电行为的有序化，更多的用户将偏向于在低服务价格时进行换电，则换电方提供的换电收益将整体降低，在此情况下，换电方将只进行必要性的充电，所以换电站的总充电量呈现下降趋势，同时总放电量也会随之降低。当放电价为充电价 1.2 倍时，同理，随着换电服务费会拉开峰谷差值，用户的换电行为将变得更为有序，在满足系统运行的条件下，换电站总充电量可有所减少。但是面对换电的收益减少，为了提高收益，换电运营商将加大放电量，如图 7-9 的右图所示，由此造成的充电量下降幅度较“充放电价一致”的情境小。

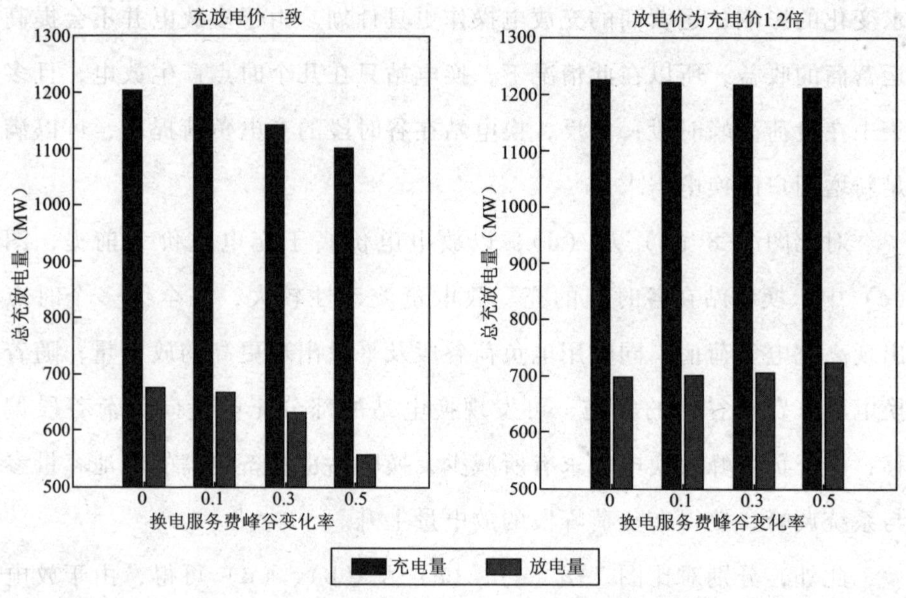

图 7-9 不同充放电电价格下总充放电量变化情况

图 7-10 展示了在不同充放电电价及不同换电服务费的条件下，利益链上各方的利益变化情况。

首先聚焦电动出租车用户，其换电服务成本主要受制于换电服务费的峰谷价差，并不受充放电电价的影响。图 7-10 的右下图显示，随着换电服务峰谷价差距的加大，电动出租车的整体换电成本将降低，这是由于换电活动将更多地集中于价格低谷时段造成的。

针对换电方，在充放电电价相等的情况下，随着换电服务费峰谷价差的增大，换电方的收益会呈现出先增后降的趋势。这说明在此情况下，换电方制定的峰谷服务电价不宜差距过大，为了保障换电收益的增长，峰谷价变化比例在30%左右为宜；在放电电价高于充电电价的情况下，随着换电服务费峰谷价差的增大，换电方可通过增大放电量来抵消下降的换电服务收益，在此种情况下，运营商保收益的能力及对于用户换电行为的把控度将更强。

针对电网方，图 7-10 的右上图表示通过与换电站的充放电交易使电网方获得的收益。能明显看出，当放电电价与充电电价一致时，电网的整体效益偏高。再结合图 7-9，在充电电价与放电电价一致的情况下，随着换电服务费峰谷差加大，换电站充电电量下降，然而放电量下降幅度更大，由此电网方获得的收益会增大；但当放电电价高于充电电价时，随着换电服务费峰谷差加大，换电站总充电量下降，而总放电量增加，使得电网方此部分收益减少。

针对发电方，对比“放电电价高于充电电价”及“放电电价与充电电价一致”的情况，前者换电站的充电量较高，使得发电方收益偏高。两种情况下，随着换电服务费峰谷价差距的增大，发电方收益均呈现下降，前者因为换电站总充电量的下降（结合图 7-9 的左图），后者是由换电站的放电量上涨使得发电方发电量下降而造成的。

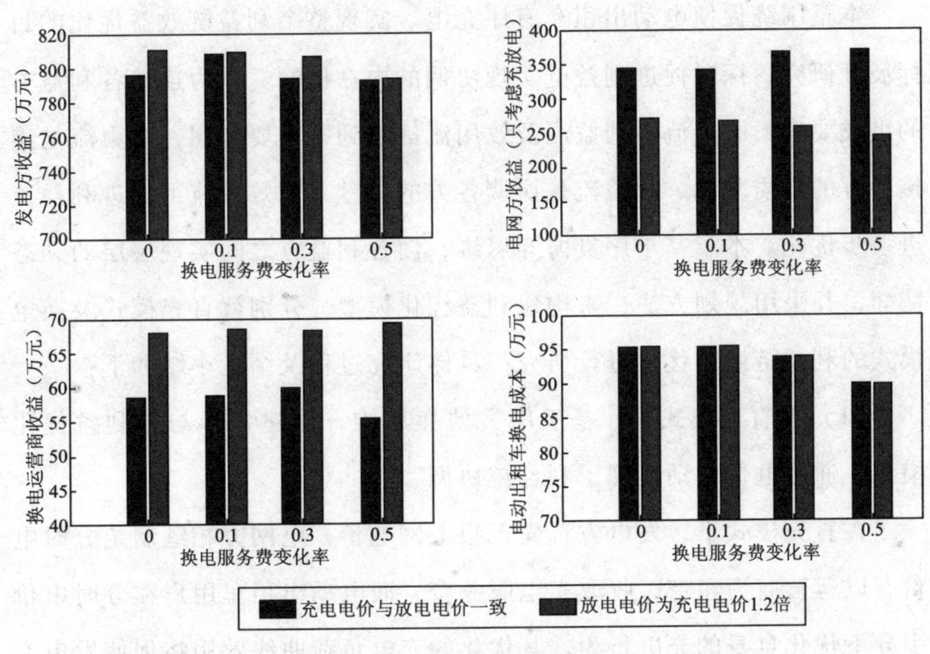

图 7-10　利益相关方收益变化

综合而言，在换电模式下，由于电网采用固定价格批量售电给运营商的模式，使得整个利益链的价格联动机制与直充模式下的发生改变。上网电价及电网销售电价对电动出租车用户的换电行为影响力下降，本节并未展开分析。取而代之，换电运营商所发挥的作用在此模式下明显增强，与其密切相连的充电价格、放电价格及换电服务费的变化对各方的协调影响较直充模式下更为复杂。从求解结果可得，使充电电价与放电电价相等可以使各协调方的利益都更好地得到保障。在此条件下，换电服务费峰谷价差不宜过大，这样可以保障各方的利益有所优化，可以使整个利益链保持可持续运行。

7.4 本章小结

本章围绕促使电动出租车有序充电、实现整个利益链效益优化的目标展开研究，探讨促进利益链实现协调的内在机制。作为连接各利益方的组成要素，电力流、利益流及效用流都起到了重要作用，电力流是连接各方的物质基础、利益流是协调各方的关键，而效用流可促进利益流进一步优化。本章基于序贯博弈思维，使各利益方之间实现层层的动态博弈，并采用规划方法，来构建利益优化模型，分别就直充模式及换电模式的利益链协调优化进行研究，具体研究过程及结论小结如下：

（1）在直充模式下，基于序贯博弈思维，构建各参与方利益优化模型，通过电价联动实现了利益链协调

在直充模式下，发电方首先上报上网电价，电网方相继制定分时电价，以运营商为纽带，收取充电服务费，而电动出租车用户在分时电价引导下优化自身的充电行为。其优化的充电负荷曲线效用将促使发电方进一步降低上网电价，从而层层传递，实现电价的联动优化。

本章构建了各方电价的优化联动模型，并通过 MATLAB 实现求解。当达到协调状态时，可发现用户的充电负荷曲线实现了削峰填谷，且在用电负荷谷段及平段产生的充电负荷更为平衡，防止了新负荷高峰的产生。此外，在协调状态下，发电方及电网方的收益会实现上升，用户方的充电成本实现下降，风电发电量得到提升，高效率火电机组的竞争力更为明显。本章通过模型求解得到了利益链协调状态下的各环节电价机制。

（2）在换电模式下，电网与运营商之间构建契约机制，运营商与用户之间遵循“委托—代理”关系，利用分时换电服务费实现利益链的协调

在换电模式下，换电运营商可发挥的作用加强，它充当起实际的充电执行者。同时，由于其实现了对电池的统一管理，具有集团性，且可执行充电及放电操作，所以此模式下电网与之的交易方式可建立契约。本章设电网以固定价格批量售电给运营商，按照给定的放电电价回购换电站放电量；运营商对电网的充电及放电电量均需满足一定下限。进一步，运营商负责制定分时换电服务价格以引导电动出租车用户的换电行为。为了使分析更为合理，本章设定多个充放电电价及换电峰谷服务价以探寻使利益链得到协调的方式。基于构建的各方效益优化模型，考虑发输电运行约束、换电站充放电约束，并通过 GAMS 编程实现求解。在此模式下，电网方与运营商之间的充放电电价及换电峰谷服务价对整个利益链的协调起到了重要作用，其对各方利益的增减效益呈现变化。结果显示，采取相同的充放电价及较小变幅的峰谷换电服务价可保障各方利益均有所上升，最后实现利益链的可持续运行。

参考文献

[1] 蔡秋娜，文福拴，薛禹胜．基于 SCUC 的可入网混合电动汽车优化调度方法 [J]. 电力系统自动化，2012，36（01）：38-45.

[2] 陈慧斌．基于博弈分析的电动汽车供应链中定价和推广策略研究 [D]. 南京：南京航天航空大学，2012.

[3] 陈新琪，李鹏，胡文堂．电动汽车充电站对电网谐波的影响分析 [J]. 中国电力，2008，10（9）：31-36.

[4] 陈筱陆．电动汽车分散慢充有序利用及供电模式研究 [D]. 北京：华北电力大学，2012.

[5] 陈征，刘念，路欣怡，肖湘宁，张建华．考虑换电储备的电动汽车光伏换电站动态功率分配方法 [J]. 电工技术学报，2014，29（4）：306-315.

[6] 戴诗容，雷霞，程道卫．电动汽车峰谷分时充放电电价研究 [J]. 电网与清洁能源，2013，29（7）：77-82.

[7] 戴欣，袁越，王敏，刘冠群，徐石明，张敏．配网中电动汽车调度策略及其经济效益评估 [J]. 电力系统及其自动化学报，2015，27（3）：42-47.

[8] 樊扬，左郑敏，朱浩骏，乔嘉赓．电动汽车充电模式对广东电网负荷特性的影响 [J]. 广东电力，2011，24（12）：58-61.

[9] 高赐威，张亮．电动汽车充电对电网影响的综述 [J]. 电网技

术，2011，35（2）：127-131.

［10］葛少云，黄镠，刘洪．电动汽车有序充电的峰谷电价时段优化［J］．电力系统保护与控制，2012，40（10）：1-5.

［11］葛少云，王龙，刘洪．计及电动汽车入网的峰谷电价时段优化模型研究［J］．电网技术，2013，37（08）：2316-2321.

［12］郭建龙，文福拴．电动汽车充电对电力系统的影响及其对策［J］．电力自动化设备，2015，35（6）：1-9.

［13］郭胜，石琴，李彦保，郭宁．纯电动汽车与传统汽车能耗与排放对比分析［J］．北京汽车，2014，1：20-23.

［14］和敬涵，谢毓毓，叶豪东，王小君，李智诚．电动汽车充电模式对主动配电网的影响［J］．电力建设，2015，36（1）：97-102.

［15］胡泽春，宋永华，徐智威，罗卓伟，占恺峤，贾龙．电动汽车接入电网的影响与利用［J］．中国电机工程学报，2012，32（4）：1-10.

［16］黄润．电动汽车入网对电网负荷影响的研究［D］．上海：上海交通大学，2012.

［17］金永花，李相俊．新能源汽车的经济性分析-以比亚迪 PHEV 和 BEV 为例［J］．可再生能源，2012，30（6）：118-123.

［18］孔维政，李琼慧，汪晓露．基于全周期能源利用效率的电动汽车节能减排分析［J］．中国电力，2012，45（9）：64-67.

［19］寇凌峰．电动汽车大规模接入对电网的影响分析［D］．北京：华北电力大学（北京），2011.

［20］李成伟，刘俊勇，魏震波．基于博弈论的电动汽车放电电价研究［J］．华东电力，2013，41（6）：1329-1334.

［21］李丰，张粒子，舒隽，葛晓琳．含风电与储能系统的调峰与经济弃风问题研究［J］．华东电力，2012，40（10）：1695-1700.

[22] 李红梅. 电动汽车充换电示范站中的有序充放电措施 [J]. 中国电力，2013，46 (1)：30-35.

[23] 李惠玲，白晓民，谭闻. 电动汽车与分布式发电入网的协调控制研究 [J]. 电网技术，2013，37 (8)：2108-2115.

[24] 李俊，刘俊勇，谢莲芳，权衡，刘友波. 发电侧与供电侧分时电价动态博弈联动研究 [J]. 电力自动化设备，2012，32 (4)：16-19.

[25] 李正烁，孙宏斌，郭庆来. 计及碳排放的输电网侧“风-车协调”研究 [J]. 中国电机工程学报，2012，32 (010)：41-48.

[26] 刘坚，胡泽春. 电动汽车作为电力系统储能应用潜力研究 [J]. 中国能源，2013，35 (7)：32-37.

[27] 刘建翠. 中国交通运输部门节能潜力和碳排放预测 [J]. 资源科学，2011，33 (4)：640-646.

[28] 刘文霞，张蕾蕾，刘宗歧，贺健. 城市纯电动汽车发展模式论证方法 [J]. 电力系统自动化，2014，38 (24)：34-40.

[29] 刘文霞，赵天阳，邱威. 规模化 EV 充电与风力/火电发电系统协调运行 [J]. 电工技术学报，2013，28 (5)：49-57.

[30] 刘潇潇，廉国海. 电动汽车充电设施商业化运营模式研究 [J]. 湖南电力，2011，31 (1)：59-62.

[31] 刘志鹏. 分布式电源和电动汽车对配电系统规划和运行的影响研究 [D]. 广州：华南理工大学，2013.

[32] 骆晓非. 基于多代理的电动汽车充放电协调机制 [D]. 上海：上海交通大学，2013.

[33] 罗卓伟，胡泽春，宋永华，徐智威，阳岳希，刘辉. 大规模电动汽车充放电优化控制及容量效益分析 [J]. 电力系统自动化，2012，36 (10)：19-26.

[34] 茆美琴，孙树娟，苏建徽．包含电动汽车的风/光/储微电网经济性分析［J］. 电力系统自动化，2011，35（14）：30-35.

[35] 苗轶群．含电动汽车及换电站的微网优化调度研究［D］. 杭州：浙江大学，2012.

[36] 苗轶群，江全元，曹一家．基于微电网的电动汽车换电站运营策略［J］. 电力系统自动化，2012，36（15）：33-38.

[37] 穆云飞．含风电场及电动汽车的电力系统安全性评估与控制研究［D］. 天津：天津大学，2012.

[38] 南方电网科研院．大规模新能源对南方电网经济运行影响研究［R］. 广州：南方电网科研院，2014：14-20.

[39] 南方电网公司．考虑大规模新能源发电并网后南方电网中长期安全经济运行研究［R］. 2014：36-38.

[40] 邱威．考虑间歇性能源接入和运行安全的多目标有功优化调度［D］. 北京：华北电力大学，2012.

[41] 施泉生，刘晔，孙波．上海地区发展电动汽车的综合效益分析［J］. 中国电力，2014，47，（11）：121-126.

[42] 施泉生，平宗飞，陈敏骏．计及电动汽车入网的电价联动模型［J］. 电力自动化设备，2014，34（11）：34-40.

[43] 施晓清，李笑诺，杨建新．低碳交通电动汽车碳减排潜力及其影响因素分析［J］. 环境科学，2013，34（1）：385-394.

[44] 史乐峰．需求侧管理视角下的电动汽车充放电定价策略研究［D］. 重庆：重庆大学，2012.

[45] 孙丙香，何婷婷，牛军龙，张维戈，姜久春，Tony Yip. 基于换电站和电池租赁模式的纯电动汽车运营成本评估及预测研究［J］. 电工技术学报，2014，29（4）：316-322.

[46] 孙晓明．电动汽车充电电价时段划分方法及有序充电策略研究［D］．北京：北京交通大学，2014.

[47] 谭忠富，王绵斌，姜海洋，王成文．我国电力产业价格链设计理论及方法［M］．北京：经济管理出版社，2008：88-90.

[48] 谭忠富，王抒翔，何洋，邢通，林丽琼，田闻旭．电动汽车节能与减排潜力计算模型［J］．现代电力，2013，30（2）：78-82.

[49] 田文奇．基于时空双尺度的电动汽车换电站有序充电调度方法［D］．北京：北京交通大学，2013.

[50] 田文奇，和敬涵，姜久春．基于自适应变异粒子群算法的电动汽车换电池站充电调度多目标优化［J］．电网技术，2012，36（11）：25-29.

[51] 王丹，龙亮，葛琪，刘皓明．基于低谷填入法的插电式混合动力汽车集中充电策略［J］．电力需求侧管理，2010，12（6）：8-11.

[52] 王龙．电动汽车充放电对电网的影响及其优化策略研究［D］．天津：天津大学，2014.

[53] 王晓寅，刘俊勇，唐勇．基于 LOGIT 模型的电动汽车充放电研究［J］．华东电力，2011，39（2）：198-201.

[54] 吴履伟．基于 GPS 的北京市私人乘用车出行特征研究［D］．北京：清华大学，2013.

[55] 项顶，宋永华，胡泽春．电动汽车参与 V2G 的最优峰谷电价研究［J］．中国电机工程学报，2013，33（31）：15-25.

[56] 肖湘宁，陈征，刘念．可再生能源与电动汽车充放电设施在微电网中的集成模式与关键问题［J］．电工技术学报，2013，28（2）：1-14.

[57] 谢莹华，谭春辉，张雪峰，卢奕城．电动汽车充放电方式对

深圳电网日负荷曲线的影响［J］. 广东电力，2011，24（12）：47-50.

［58］邢龙. 微网能量管理与多目标优化运行的建模与仿真［D］. 上海：上海交通大学，2013.

［59］徐颢霖，林涛，徐遐龄，张裕田. 基于 DSM 引导电动车有序充放电模式分析［J］. 华中电力，2014，6（24）：40-46.

［60］徐智威，胡泽春，宋永华，张洪财，陈晓爽. 基于动态分时电价的电动汽车充电站有序充电策略［J］. 中国电机工程学报，2014，34（22）：3638-3646.

［61］杨铎，刘宗歧，刘诗宁，刘畅. 基于不同购电模式相结合的电动汽车充换电站运营模式研究［J］. 现代电力，2012，29（6）：51-55.

［62］姚伟锋，赵俊华，文福拴. 基于双层优化的电动汽车充放电调度策略［J］. 电力系统自动化，2012，36（11）：30-37.

［63］于大洋，黄海丽，雷鸣. 电动汽车充电与风电协同调度的碳减排效益分析［J］. 电力系统自动化，2012，36（10）：14-18.

［64］于大洋，宋曙光，张波，韩学山. 区域电网电动汽车充电与风电协同调度的分析［J］. 电力系统自动化，2011，35（14）：24-29.

［65］张菁菁. 电动汽车充电设施建设与发展的多方博弈分析［D］. 北京：北京交通大学，2011.

［66］张维戈. 纯电动公交车换电站优化设计和经济运行研究［D］. 北京：北京交通大学，2013.

［67］张智晟，温令云，李国，张伟. 基于改进化学反应优化算法的电动汽车与可再生能源多目标协同调度［J］. 电网技术，2014，38（3）：633-637.

［68］郑丹. 电动汽车对电力系统的影响以及交互作用研究［D］. 广州：华南理工大学，2013.

[69] 中国统计出版社．中国城市统计年鉴2013 [M]．北京：中国统计出版社，2014：321-327.

[70] 邹文，吴福保，刘志宏．实时电价下插电式混合动力汽车智能集中充电策略 [J]．电力系统自动化，2011，35 (14)：62-67.

[71] Adler Jonathan D., Pitu B. Mirchandani. Online routing and battery reservations for electric vehicles with swappable batteries [J]. *Tranportation Research Part B: Methodological*, 2014, 70: 285-302.

[72] Alfredo Ramírez Díaz, Francisco J. Ramos-Real, Gustavo A. Marrero, Yannick Perez. Impact of electric vehicles as distributed energy storage in isolated systems: the case of Tenerife [J]. *Sustainability*, 2015, 7 (11): 15152-15178.

[73] Ashtari Ali, Bibeau Eric, Sharhidinejad Soheil. Using large driving record samples and a stochastic approach for real-world driving cycle construction: Winnipeng driving cycle [J]. *Transportation Science*, 2014, 48 (2): 170-183.

[74] Amany El-Zonkoly. Intelligent energy management of optimally located renewable energy systems incorporating PHEV [J]. *Energy Conversion and Management*, 2014, 84: 427-435.

[75] Aoife Foley, Barry Tyther, Patrick Calnan, et al. Impacts of Electric Vehicle charging under electricity market operations [J]. *Applied Energy*, 2013, 101: 93-102.

[76] Battistelli C, Baringo L, Conejo A J. Optimal energy management of small electric energy systems including V2G facilities and renewable energy sources [J]. *Electric Power Systems Research*, 2012, 92: 50-59.

[77] Bayram, I. S., Michailidis, G., Devetsikiotis, M. Local

energy storage sizing in plug-in hybrid electric vehicle charging stations under blocking probability constraints [C]. IEEE International Conference on Smart Grid Communications, Brussels, Belgium, Oct 17-20, 2011.

[78] Benedikt Lunz, Zexiong Yan, Jochen Bernhard Gerschler, et al. Influence of plug-in hybrid electric vehicle charging strategies on charging and battery degradation costs [J]. *Energy Policy*, 2012, 46: 511-519.

[79] Borba S M C, Szklo A, Schaeffer R. Plug-in hybrid electric vehicles as a way to maximize the integration of variable renewable energy in power systems: the case of wind generation in northeastern Brazil [J]. *Energy*, 2012, 37 (1): 469-481.

[80] Capion, K. Optimized charging of electric drive vehicles in a market envitonment [D]. Technical university of Denmark: Ris National Laboratory for Sustainable Energy, 2009.

[81] Carrion M, Arroyo J M. A computationally efficient mixed-integer linear formulation for the thermal unit commitment problem [J]. *IEEE Transactions on Power Systems*, 2006, 21 (3): 1371-1378.

[82] Caramanis, M. C., Foster, J. M. Management of electric vehicle charging to mitigate renewable generation intermittency and distribution network congestion [C]. Proceedings of 48th IEEE Conference on Decision and Control, Shanghai, China: 2009, 4717-4722.

[83] Chioke B. Harris, Michael E. Webber. An empirically-validated methodology to simulate electricity demand for electricity vehicle charging [J]. *Applied Energy*, 2014, 126: 172-181.

[84] Clement-Nyns, KHaesen E, Driesen J. The impact of charging plug-in hybrid electric vehicles on a residential distribution grid [J]. *IEEE*

Transactions on Power Systems, 2010, 25 (1): 371-380.

[85] Cvetkovic, I., Thacker, T., Dong, D. Future home uninterruptible renewable energy system with vehicle-to-grid technology [M]. *Energy Conversion Congress and Exposition*, 2009.

[86] Dai Qian, Cai Tao, Duan Shanxu, Zhao Feng. Stochastic modeling and forecasting of load demand for electric bus battery-swap station [J]. *IEEE Transaction on Power Delivery*, 2014, 29 (4): 1909-1917.

[87] Dallinger, D., Gerda, S., Wietschel, M. Integration of intermittent renewable power supply using grid- connected vehicles- A 2030 case study for California and Germany [J]. *Applied Energy*, 2013, 104: 666-682.

[88] Dallinger, D., Wietschel, M. Grid integration of intermittent renewable energy sources using price-responsive plug-in electric vehicles [J]. *Renewable and Sustainable Energy Reviews*, 2012, 16 (5): 3370-3380.

[89] Emil B. Iversen, Juan M. Morales, Henrik Madsen. Optimal charging of an electric vehicle using a Markov decision process [J]. *Applied Energy*, 2014, 123: 1-12.

[90] Fan, Z. Distributed charging of PHEVs in a smart grid [C]. 2011 IEEE International Conference on Smart Grid Communications, Brussels, Oct 17-20, 2011, 255-260.

[91] Fazelpour F, Vafaeipour M, Rahbari O, et al. Intelligent optimization to integrate a plug-in hybrid electric vehicle smart parking lot with renewable energy resources and enhance grid characteristics [J]. *Energy Conversion and Management*, 2014, 77: 250-261.

[92] Finn, P., Fitzpatrick, C., Connoll, D. Demand side management of electric car charging: Benefits for consumer and grid [J]. *Energy*,

2012, 42: 358-363.

[93] Francesco A, Amoroso, Gregorio Cappuccino. Impact of charging efficiency variations on the effectiveness of variable-rate-based charging strategies for electric vehicles [J]. *Journal of Power Sources*, 2011, 196: 9574-9578.

[94] Hu Junjie, Hugo Morais, Tiago Sousa, Morten Lind. Electric vehicle fleet management in smart grids: A review of services, optimization and control aspects [J]. *Renewable and Sustainable Energy Reviews*, 2016, 56: 1207-1226.

[95] Huang, S. K., Infield, D. The potential of domestic electric vehicles to contribute to power system operation through vehicle to grid technology [C]. Universities Power Engineering Conference (UPEC), 2009: 1-5.

[96] Huston, C., Venayagamoorthy, G. K., Corzine, K. A. Intelligent scheduling of hybrid and electric vehicle storage capacity in a parking lot for profit maximization in grid power transsactionsl [C]. Energy 2030 Conference, Atlanta, GA, US: IEEE, 2008.

[97] Ian, H., Duncan, C. Achieving controllability of plug - in electric vehicles [C]. IEEE Vehicle Power and Propulsion Conference, Sept 7-10, Dearborn, 2009: 1215-1220.

[98] Jian L, Zhu X, Shao Z, et al. A scenario of vehicle-to-grid implementation and its double-layer optimal charging strategy for minimizing load variance within regional smart grids [J]. *Energy Conversion and Management*, 2014, 78: 508-517.

[99] Karlsson Sten, Lars-henrik Kullingsjo. GPS measurement of Swedish car movements for assessment of possible electrification [C]. EVS27,

Barcelona, Spain, Nov. 17-20, 2013 <http://publications.lib.chalmers.se/records/fulltext/184575/local_184575.pdf>.

[100] Li, Y., Kaewpuang, R., Wang, P. An energy efficient solution: integrating plug-in hybrid electric vehicle in smart grid with revewable energy [C]. IEEE Conference on Computer Communications Workshops, Orlando, Mar 25-30, 2012: 73-78.

[101] Li Zhe, Ouyang Minggao. The pricing of charging for electric vehicles in China-Dilemma and solution [J]. Energy, 2011, 36: 5765-5778.

[102] Li Zhe, Ouyang Mingao. A win-win marginal rent analysis for operator and consumer under battery leasing mode in China electric vehicle market [J]. *Energy Policy*, 2011, 39: 3222-3237.

[103] Liu Jian. Electric vehicle charging infrastructure assignment and power grid impacts assessment in Beijing [J]. *Energy Policy*, 2012, 52: 544-557.

[104] Liu, W., Hu, W.H., Lund, H., Chen, Z. Electric vehicles and large-scale integration of wind power-The case of Inner Mongolia in China [J]. *Applied Energy*, 2013, 104: 445-456.

[105] Lukas, A.W., Matthias, D.G., Goran, A. Agent-based simulator for the German electricity wholesale market including wind power generation and wide scale PHEV adoption [C]. 2010 7th International Conference on the European Energy Market (EEM), Zurich, Swizerland, 2010: 1-6.

[106] Luo X, Xia S., Chan K. W. A decentralized charging control strategy for plug-in electric vehicles to mitigate wind farm intermittency and enhance frequency regulation [J]. *Journal of Power Sources*, 2014, 248:

604-614.

[107] Mak, Ho-Yin, Rong Ying, Shen Zuo-Jun Max. Infrastructure planning for electric vehicles with battery swapping [J]. *Management Science*, 2013, 59 (7): 1557-1575.

[108] Masoud Honarmand, Alireza Zakariazadeh, Shahram Jadid. Optimal scheduling of electric vehicles in an intelligent parking lot considering vehicle-to-grid concept and battery condition [J]. *Energy*, 2014, 65: 572-579.

[109] Matteo, V., Sascha, O. A proportional share allocation mechanism for coordination of plug-in electric vehicle charging [J]. *Engineering Applications of Artificial Intelligence*, 2013, 26: 1185-1197.

[110] Marano, V., Rizzoni, G. Energy and economic evaluation of PHEVs and their interaction with renewable energy sources and the power grid [C]. IEEE International Conference on Vehicular Electronics and Safety, Columbus, Sept 22-24, 2008: 84-89.

[111] McCarthy, D., Wolfs, P. The HV system impacts of large scale electric vehicle deployments in a metropolitan area [C], 20th Australasian Universities Power Engineering Conference. Christchurch, Australia: University of Canterbury, 2010: 1-6.

[112] Meyers, M. K., Schneider, K., Pratt, R. Impacts assessment of plug-in hybrid vehicles on electric utilities and regional US power grids part: technical analysis [R]. *State of Washington*: *Pacific Northwest National Laboratory*, 2007.

[113] Michael M., Christian D. Electric vehicles as flexible loads-A simulation approach using empirical mobility data [J]. *Energy*, 2012, 48:

369-374.

[114] Milos P. Stochastic optimal charging of electric-drive vehicles with renewable energy [J]. *Energy*, 2011, 36: 6567-6576.

[115] Mohsenian-Rad, A., Wong, V., Jatskevich, J., Schober, R. Optimal and autonomous incentive-based energy consumption scheduling algorithm for smart grid [C]. IEEE Innovative Smart Grid Technologies Conference, Gaithersburg, Jan 19-21, 2010: 1-6.

[116] Niamh O' Connell, Qiuwei Wu, Jacob Ostergaard, et al. Day-ahead tariffs for the alleviation of distribution grid congestion from electric vehicles [J]. *Electric Power Systems Research*, 2012, 92: 106-114.

[117] Niklas, R., Marija, I. Optimal charge control of plug-in hybrid electric vehicles in deregulated electricity markets [J]. *IEEE Transactions on Power Systems*, 2011, 26 (3): 1021-1029.

[118] N. Nishino, T. lino, N. Tsuji, K. Tsuji, K. Kageyama, K. Ueda. Interdependent decision-making among stakeholders in electric vehicle development [J]. *CIRP Annals-Manufacturing Technology*, 2011, 60: 441-444.

[119] Oviedo R M, Fan Z, Gormus S, et al. A residential PHEV load coordination mechanism with renewable sources in smart grids [J]. *International Journal of Electrical Power & Energy Systems*, 2014, 55: 511-521.

[120] Papavasiliou. A., Oren, S. S. Supplying renewable energy to deferrable loads: Algorithms and economic analysis [C]. IEEE Power and Energy Society General Meeting, Minneapolis, July 25-29, 2010: 1-8.

[121] Pina A, Baptista P, Silva C, et al. Energy reduction potential from the shift to electric vehicles: The Flores island case study [J]. *Energy*

Policy, 2014, 67: 37-47.

[122] Putrus, G. A., Suwanapingkarl, P., Johnston, P. Impact of electric vehicles on power distribution networks [C], IEEE Vehicle Power and Propulsion Conference. Dearborn, USA, 2009: 827-831.

[123] Richardson, D. B. Electric vehicles and the electric grid: A review of modeling approaches, Impacts and renewable energy integration [J]. *Renewable and Sustainable Energy Reviews*, 2013, 19: 247-254.

[124] Sandels, C., Franke, U., Ingvar, N. Vehicle to Grid - Monte Carlo simulations for optimal aggregator strategies [C]. International Conference on Power System Technology, Stockholm, Sweden, 2010: 1-8.

[125] Sandra B., Rene B., Steef P., Henk M. Electric cars and wind energy: Two problems, one solution? A study to combine wind energy and electric cars in 2020 in the Netherlands [J]. *Energy*, 2012, 45: 859-866.

[126] Saber, A. Y., Venayaganmoorthy, G. K. Plug-in vehicles and renewable energy sources for cost and emission reductions [J]. *IEEE Transactions on Industrial Electronics*, 2011, 58 (4): 186-193.

[127] S. J. Yang, J. G. Yao, T. Kang, X. Q. Zhu. Dynamic operation model of the battery swapping station for EV in electricity market [J]. *Energy*, 2014, 65: 544-549.

[128] Soares J, Sousa T, Morais H, et al. Application-Specific Modified Particle Swarm Optimization for energy resource scheduling considering vehicle-to-grid [J]. *Applied Soft Computing*, 2013, 13 (11): 4264-4280.

[129] Staats, P. T., Grady, W. M., Arapostathis, A. A statistical analysis of the effect of electric vehicle battery charging on distribution system harmonic voltages [J]. *IEEE Transactions on Power Delivery*,

1998, 13 (2): 640-646.

[130] Stanton, W. H., Alexandra, A., Tsvetkova. Potential impacts of plug-in hybrid electric vehicles on regional power generation [J]. *The Electricity Journal*, 2009, 22 (10): 56-68.

[131] Steven, L. Plug-in hybrid electric vehicles and the Vermont grid: a scoping analysis [R]. *Vermont*: *University of Vermont Transportation Center*, 2007.

[132] Taisuke Masuta, Akinobu Murata, Eiichi Endo. Electric vehicle charge patterns and the electricity generation mix and competitiveness of next generation vehicles [J]. *Energy Conversion and Management*, 2014, 83: 337-346.

[133] Taylor, J., A. Maitra, M. Alexander. Evaluation of the impact of plug-in electric vehicle loading on distribution system operations [C]. Power&Energy Society General Meeting, Calgary, July 26 - 30, 2009: 1-6.

[134] Tian Zhiyong, Wang Yi, Tian Chen. Understading operational and charging patterns of electric vehicle taxis using GPS records [C]. IEEE 17th International Conference on Intelligent Transportation Systems (ITSC), Qingdao, China, Oct. 08-11, 2014.

[135] Trine Krogh Kristoffersen, Karsten Capion, Peter Meibom. Optimal charging of electric drive vehicles in a market environment [J], *Applied Energy*, 2011, 88: 1940-1948.

[136] Tomas Gomez San Roman, Ilan Momber, Michel Rivier Abbad, Alvaro Sanchez Miralles, 2011. Regulatory framework and business models for charging plug-in electric vehicles: Infrustructure, agents and commercial

relationships [J]. *Energy Policy*, 39: 6360-6375.

[137] Turitsyn, K., Sinitsyn, N., Backhaus, S. Robust broadcast communication control of electric vehicle charging [C]. IEEE International Conference on Smart Grid Communications, Gaithersburg, Oct 4-6, 2010: 203-207.

[138] Vandael, S., Boucke, N., Holvoet, T., Deconinck, G. Decentralized demand side management of plug-in hybrid vehicles in a smart grid [M]. *AAMAS ATES Workshop*, 2010.

[139] Wang, J. J., Liu, C., Ton, D., Zhou, Y., Kim, J. H., Vyas, A. Impact of plug-in hybrid electric vehicles on power systems with demand response and wind power [J]. *Energy Policy*, 2011, 39: 4016-4021.

[140] Yu, X., 2008. Impacts assessment of PHEV charge profiles on generation expansion using national energy modeling system [C]. Power & Energy Society General Meeting. Pittsburgh, USA, July 20-24, 2008: 1-5.

[141] Zhong J., He L. N., Li C. B., Cao J. J., Wang J. H., Fang B. L., Zeng, L., Xiao G. X. Coordinated control for large-scale EV charging facilities and energy storage devices participating in frequency regulation [J]. *Applied Energy*, 2014, 123: 253-262.

重要术语索引表